원하는 삶을 창조하는
영적 리허설
Ssal

영혼이 아름다운 당신에게 이 책을 추천합니다.

당신은 일상에서 무언가 모를 답답함을 자주 느끼셨나요?

당신은 우리가 사는 현실이 이 세상의 전부가 아닐 거라고
한 번쯤 생각한 적이 있을 것입니다.

만약 내 안에 커다란 능력이 숨겨져 있다면
그것을 찾기 위해 어떤 노력이든 하시겠습니까?

이 책은 당신이 잊고 있는 거대한 당신의 비밀과
숨겨진 능력을 되찾아줄 것입니다.

내 안에서 폭발한 기쁨이 당신의 안에서도 일어날 것입니다.
그것은 찬란히 연결된 빛입니다.

이제 남은 건 당신의 선택뿐입니다.
당신의 'Ssal'은 우주가 기뻐하는 완전히 새로운 창조입니다.

우리는 깨어날 것입니다.

에디터 리뷰

끌어당김의 법칙을 위한 마지막 코드 Ssal!

제이미는 자신이 영적 깨어남에서 얻은 체험의 지구와 존재에 대한 진실을 알리고, 영적인 창조를 위한 가이드를 위해 글을 쓰고 있습니다. 이 가이드를 따라가면 여러분은 인류가 만든 매트릭스의 틀에서 벗어나 체험의 영혼을 깨워 창조의 신세계를 만나게 될 것입니다. 우리의 영적인 힘은 더 자유롭고 풍요로운 삶을 만들어 낼 것입니다. 깨어남이 부와 지혜를 창조하는 시대는 더 빠르게 진행될 것입니다.

제이미 케이

글쓴이 소개

제이미는 대학에서 시각디자인과 미디어영상학을 전공했고 대학원에서 경영학석사 학위를 받았습니다.

평범한 직장인으로 살아가던 그는 우연히 밤하늘의 별빛에 이끌려 내면의 폭발을 겪고 영적 각성을 체험하며 깨어남과 자기 발견의 여정을 시작하게 되었습니다. 그러나 당시 제이미는 그 경험을 완전히 이해하지 못했고 이후 10년을 생각이 만들어낸 바다에서 표류했습니다.

그러나 결국 영적 멘토들의 이끌림으로 새로운 가르침에 눈을 뜨고 현재 머묾을 향해 나아가고 있습니다. 그는 선한 '채널러'로서의 사명을 위하여 글을 쓰기 시작하였으며 많은 사람의 깨어남을 돕고 있습니다.

차 례

009　Hello. 당신은 누구 입니까?
022　늘 가까이 있는 영적 심상화의 힘
026　영적 리허설 'Ssal'
042　찬란한 빛, 폭발한 사랑
054　깨어남의 증거
060　우주에 숨겨진 당신의 비밀
068　영혼과 뇌의 연결
078　마귀야 나를 따르라
092　사건의 비산
104　비워 떠나보냄 그리고 채움

118　체험과 풍요의 비밀

136　In his time

146　부자들의 '이스터에그'

160　느낌의 감도

170　창조를 만드는 기쁨의 힘

186　관찰자 Ssal!

196　창조의 놀이터 루시드 드림

206　균형을 위한 살핌

212　'머묾'이 신이다

222　초인 클럽

Hello. 당신은 누구입니까?

당신은 누구입니까? 당신은 어디에서 왔습니까? 당신은 어디를 향해 가고 있습니까? 여러분이 진정으로 원하는 삶은 무엇입니까? 만약 당신이 지금까지 알던 당신이 아닌 더 큰 능력을 갖춘 존재라면 무엇을 제일 먼저 하고 싶습니까? 아마도 당신은 제일 먼저 부모님이나 내 가족이 행복해지는 것을 상상할 것입니다.

우주의 스케일로 보면 지구는 먼지만 한 행성입니다. 이 지구에서 누군가는 천문학적인 부를 이루고 누군가는 큰 명성을 얻고 존경받으며 살아갑니다. 또 어떤 사람은 하루하루 힘든 나날을 보내며 자신의 인생을 저주하고 있을지도 모릅니다.

나는 이 책에서 당신의 숨겨진 능력을 사용할 수 있는 비밀을 알려드릴 것입니다.

당신이 이 비밀을 자신의 것으로 만들 수 있다면 당신이 원하는 풍요로운 삶으로 당신을 이동시킬 수 있습니다. 당신이 원하는 삶이 누군가 이룬 적이 있는 것이라면 당신도 똑같이 이룰 수 있습니다. 누군가가 아직 이룬 적이 없는 것이라면 당신이 이룰 수 있습니다.

우리는 창조를 위해 지구에 온 존재입니다.

지금 당장 자신의 주위를 둘러보시기를 바랍니다. 아마 대부분은 100년 전에는 없던 물건들일 것입니다. 그 대부분은 누군가의 상상으로부터 창조되었습니다. 인간은 끊임없이 창조합니다. 우리는 우리가 창조의 능력이 있다는 것을 누구나 이미 알고 있습니다. 그러나 그것을 자기 삶을 위해 어떻게 사용해야 하는지는 잘 모릅니다.

우리가 창조하는 일반적인 방법을 말씀드리면 이렇습니다. 당신은 생각합니다. 그럼 그것을 하거나 그곳으로 가거나 그것을 가지려는 욕망이 생겨납니다. 그리고 일정한 기간이 지나고 그것을 당신은 체험하게 됩니다. 이것이 우리가 지구에서 살아가는 이유이자 우리가 가진 능력입니다. 우리는 매일매일 선택을 통한 창조를 합니다.

그 결과로 누군가는 작은 아이디어로도 큰 성공을 하여 엄청난 부를 이루고 또 누군가는 하루하루 성실하게 살아가는데도 항상 궁핍한 삶을 살아갑니다.

그리고 때로는 우리가 원치 않는 것들이 우리의 삶에 나타나 인생을 어렵게 만들기도 합니다. 우리에게는 왜? 이런 삶이 주어진 걸까요?!

이미 많은 영적 서적들과 자기계발서들이 여러분께 상상을 통하여 원하는 것을 이루는 비밀을 알려주기 위해 나와 있습니다. 그 책들이 제시하는 방법은 다양하고 흥미로운 내용이 많습니다.

그러나 문제는 책을 읽고 따라 해도 원하는 결과를 얻지 못했다는 것입니다. 생생하게 상상하고 간절히 원해도 그것은 이루어지지 않았습니다. 혹자들은 영적 창조의 해석이 잘못되었다며 행동해야 한다고 합니다. 행동해야 하는 건 맞습니다. 그러나 그것은 수저로 밥을 떠서 입으로 넣어야 먹게 된다는 말과 같은 것입니다.

3차원 세상을 체험하는 이상 우리는 모두 행동하고 있습니다. 보통의 사람이라면 하루하루를 열심히 살지 않는 사람은 없습니다. 영적 창조의 비밀을 알고자 하는 사람들에게 행동하라고 말하는 것은 돌고 돌아 원점으로 돌아온 답답한 해답입니다.

그럼 열심히 행동하면 모든 것이 내가 바라는 대로 될까요? 그러면 좋겠지만 지금까지 여러분이 해보았던 것과 같이 생생하게 상상하고, 간절히 바라고, 열심히 적고, 원하는 것의 사진을 붙여 만든 패널을 제일 잘 보이는 곳에 붙이고, 쉴 틈 없이 공부하고 하루하루 열심히 일하고 행동하였습니다.

그런데 왜 나의 삶은 항상 제자리걸음일까요?

그 이유는 우리가 스스로 한계를 가진 존재라고 생각하기 때문입니다. 우리가 사는 지구의 3차원 환경은 우리 자신을 한계를 가진 존재로 인식하도록 디자인되어 영적인 힘을 유지하지 못하는 것입니다. 반면에 그것은 이 3차원 지구 체험의 여행에서 자유와 성취의 즐거움을 부여한 것이기도 합니다.

우리를 한계의 틀에 갇히게 하는 또 하나의 매트릭스는 바로 미디어입니다. 통신과 인터넷의 발전은 우리에게 매일 지구 반대편에서 일어나는 부정적인 사건·사고까지 실시간으로 알게 합니다.

우리는 정서적 불안 요소를 높일 수 있는 불필요한 미디어에 너무 많이 노출됩니다. 따라서 우리는 항상 불안하게 되고 부정적인 정보 때문에 필요 이상의 감정을 소모하고 신경을 쓰게 됩니다.

그러나 자극적이지 않은 뉴스는 시장에서 팔리지 않기 때문에 미디어는 앞다투어 자극적인 뉴스를 생산해 냅니다. 우리는 그것을 보고 들으며 인간으로서 한계를 느끼고 점점 불안을 느끼게 되는 것입니다.

우리는 부정적인 뉴스들을 적극적으로 피하고 부정적인 마음과 불안함을 키우는 정보로부터 자신을 보호해야 합니다. 그것들은 우리의 눈과 귀를 통해 들어와 무의식에 쌓입니다. 그리고 그것들이 마치 인간의 한계인 듯 느끼도록 하여 창조적인 도전을 방해하고 보이지 않는 매트릭스 안에 갇히게 합니다.

뉴스를 꼭 봐야 한다면 뉴스 목록의 헤드라인만 봐도 충분합니다. 우리가 영적인 능력을 사용하여 원하는 삶을 만들려면 우리의 주변 환경과 나에 대해 다시 알아가야 합니다. 이제까지 당신이 알고 있던 세상과 당신의 모습은 전체 진실에 절반도 되지 않습니다.

우리는 물리적 신체에 '신(神)'적인 능력을 갖춘 존재가 깃들어 창조적 체험을 일으키는 삼중 존재입니다. 우리의 실체는 '태초의 의식'[1]과 연결되어 있습니다. '태초의 의식'은 전 우주적 존재로 빛의 주인이며 처음과 마지막인 진리입니다.

우리의 영은 '태초의 의식'에서 분리된 분신이며 공동의 창조자입니다. 그러므로 영이 깃든 인간 역시 신적인 존재입니다. 당신이 원하는 것을 창조하는 방법은 간단합니다. 자신이 바라는 것을 생각합니다. 그리고 아주 구체적으로 정리합니다.

그다음 인터넷 검색을 통해 사진을 보고 그것의 촉감과 소리, 향기 등 정보를 수집합니다. 그리고 그것을 당신의 삶과 연결해 상상 속에서 시각화합니다. 그다음 그것이 이루어졌다는 믿음을 갖습니다. 그리고 그 믿음을 기반으로 행동합니다.

그러면 일정한 기간이 지나 그것은 현실로 나타납니다. 이것이 아주 쉽게 잘 되는 독자가 있다면 더 이상 이 책을 읽을 필요 없습니다. 왜냐하면, 그것이 나의 삶에 원하는 것을 창조하는 '영적 리허

---

1 태초의 의식 : 시각화(빅뱅) 이전 에너지 상태의 신과 구분을 만드신 후의 신의 존재를 구별하기 위해 만든 단어입니다.

설'의 모든 것이기 때문입니다.

그러나, 그동안 그것은 여러분께 쉽지 않았을 것입니다.

간단한 예를 들어보겠습니다.

금요일 저녁 붐비는 시내에서 데이트가 있습니다. 그곳은 주차장도 적고 주차할 장소를 찾기 어려운 핫플레이스라 가정하겠습니다.

나는 약속 장소로 가면서 이렇게 생각합니다.

"오늘도 내가 자주 가던 주차장에는 내 자리가 있을 거야."

나는 이렇게 마음을 먹었습니다.

그리고 상상으로 내가 좋아하는 주차장 2층 왼쪽 구석에 빈자리를 확인합니다. 그리고 아무런 걱정 없이 또 별다른 생각 없이 음악을 들으며 도착합니다.

상상한 그대로 내 약속 장소와 가장 가까운 주차장 2층으로 곧바로 갑니다. 그럼 어김없이 나의 자리는 비어 있습니다. 나는 천천히 주차하고 행복한 마음으로 데이트 장소에 갑니다.

이와 같은 비교적 쉬운 영적 심상화는 여러분 중에서도 많은 분이 체험하며 사용하고 있을 것입니다.

이번에는 똑같은 상황에서 심상화가 잘 이루어지지 않는 경우를 알아보겠습니다.

나는 걱정스러운 마음으로 이렇게 생각했습니다.

"지금 가면 주차장에 빈자리가 있을까?"

"만약 없으면 어쩌지..."하며 마음은 조바심을 냅니다.

그리고는 몇몇 다른 주차장과 약속 장소와 멀리 떨어진 인적이 드문 골목길을 떠올립니다.

"아니야 내가 가는 주차장에 자리가 있겠지 뭐..."

그리고 상상으로 주차장 2층 왼쪽 구석에 빈자리를 확인하는데 잘 안 됩니다. 운전하는 내내 주차장이 없을까 봐 쓸데없는 생각들이 머릿속을 맴돕니다.

"아니야 이러면 안 되지..."

"오늘도 내가 자주 가던 주차장에는 내 자리가 있을 거야."

나는 이렇게 마음을 먹었습니다. 그리고 그것을 계속 되뇝니다.

그리고 상상으로 주차장 2층 왼쪽 구석에 빈자리를 확인하고 또 확인합니다. 그리고 약속 장소가 가까워지자 주차장으로 가는 동안 주변을 두리번거리며 혹시 또 다른 주차 공간이 있나 살펴봅니다.

처음에 심상화를 시도한 주차장에 도착했습니다.

그러나 차를 몰고 주차장을 빙빙 돌아도 빈자리는 없습니다. 내가 상상했던 2층 왼쪽 구석은 이미 다른 차가 주차되어 있습니다.

이 두 가지 사례를 읽으면서 여러분은 상상의 힘이 잘 작동되지 않는 경우의 함정을 느꼈을 것입니다.

두 번째 사례에서 상상이 실현되지 않은 것은 바로 조바심과 불안한 마음을 가지고 심상화가 시작되었다는 것입니다. 그뿐만 아니라 믿음이 생기지 않는 나머지 여러 번 다른 곳을 떠올리며 시각화했습니다.

영적 심상화의 힘은 평온한 상태에서 믿음을 기반으로 진행되어야 합니다. 그리고 그것에 대한 걱정이 끼어들지 않아야 합니다. 좀 더 정확히 말하면 '걱정'의 인식이 시작조차 되지 않아야 합니다.

그러면 내가 원하는 것들은 일정 기간이 지나고 나에게 나타나 체험하게 됩니다. 이론적으로는 아주 쉽습니다. 그러나 이 책이 이렇게 두께를 가지고 있는 이유는 그런 평온함과 믿음의 상태가 만들어지기까지 나의 무의식을 바꿔줄 지혜와 연습이 꼭 필요하기 때문입니다. 그리고 시행착오 역시 필요할 것입니다.

이 책에는 우리에게 평온함과 강력한 믿음이 자리 잡기까지 꼭 알아야 할 것들을 설명해 놓았습니다.

나는 누구이며 어디서 왔으며 어디로 가는 것인지, 그리고 이 세계는 무엇이며 이 세계의 끝에는 무엇이 있는지, 깨어남과 깨달음에 닿는 소통의 방법을 알아야 합니다. 이렇게 영적인 훈련이 되어야 비로소 우리는 영적 리허설을 통해 원하는 창조를 자유롭게 사용하게 됩니다.

영적인 연결을 알아가기에 앞서 우리는 우리가 사용하고 있는 몸과 지구에 대해 얼마나 알고 있는지 점검을 해 보겠습니다. 지구의 환경 재난은 이미 시작되었고 아주 심각한 수준에 이르렀습니다.

우리는 사랑으로부터 왔습니다. 우리가 진정 서로 사랑할 수 있다면 황폐해지는 지구를 버리고 저 머나먼 화성까지 갈 일은 생기지 않을 것입니다.

그러나 안타깝게도 우리는 점점 지구 이외의 장소로 시선을 돌리고 있습니다. 최첨단 사회를 살고 우주 정복을 꿈꾸는 인간은 아이러니하게도 우리 영혼의 집인 육체와 삶의 터전인 지구 행성에 대해서는 아직 다 알지 못합니다.

먼저 우리 몸에 대해 이야기 해 보겠습니다.

2016년 과학자들은 동물의 소뇌 피질 조각과 우주의 그물 구조를 잘게 비교해 보는 실험을 하였습니다. 먼저 동물 소뇌의 신경망을 1마이크로 미터에서 0.1밀리미터 크기로 확대하여 뉴런의 분포 변화를 살펴보고 그다음 우주를 500만 광년에서 5억 광년 범위로 확대하여 똑같이 분포도의 변화를 살펴보는 실험을 하였습니다.[2]

실험 결과 과학자들은 각각의 분포도 변화가 일치한다는 것을 발견했습니다. 이것은 각각의 분포도를 좁은 공간에서 넓은 공간으로 확장하여 살펴봤을 때 뉴런과 은하의 분포도 변화가 일치했다

---

[2] sciencealert.com 'Study Maps the Odd Structural Similarities Between The Human Brain And The Universe' By Michelle Starr 17 November 2020

는 것을 말합니다.

과학자들은 우주가 두뇌 이거나 지각 능력이 있다고 말하는 것은 아닙니다. 그러나 두 구조의 성장을 지배하는 법칙이 동일할 수 있음을 암시한다고 하였습니다. 과학자들은 왜 이러한 구조가 만들어지며 또 어떤 상관관계가 있는지 지금까지 밝혀내지 못하고 있습니다. 과연 우주는 신의 뇌일까요?

다음은 인간의 수면에 관한 것입니다.

인간이 80세까지 산다고 보았을 때 우리 인간은 수면으로 일생의 30%인 24년을 잠으로 소비합니다. 수백 년간 과학자들은 인간이 왜 잠을 자게 되었는지 이해하고자 노력하였습니다. 그러나 뇌 과학 들은 아직도 이것을 명쾌히 밝혀내지 못하고 있습니다.[3]

잠을 통해서 에너지를 비축하기 위함이라고 하기엔 잠을 잘 때에 생겨나는 물질이나, 잠을 잘 때에 파괴되는 독성 물질이 있다는 사실은 아직 알려진 바가 없다고 합니다.

다음은 인간의 뇌에 관한 사실입니다.

사람 뇌의 일부가 없어진다면 그 사람은 어떻게 될까요? 뇌의 90%를 서서히 잃고도 공무원으로서 또 두 아이의 아빠로서 정상적인 생활을 하는 프랑스의 한 남성이 있다고 합니다.[4]

---

[3] sciencetimes.co.kr '잠은 왜 자야 하는 것일까?' 신치홍 객원기자 2020.09.24 09:06

[4] sciencealert.com 'Meet The Man Who Lives Normally With Damage to 90% of His Brain' By Fiona Macdonald 13 July 2016

그의 존재는 과학계가 기존에 갖고 있던 '뇌와 의식'에 대한 개념을 뒤바꿔 놓았고 이 사실에 과학자들은 당혹감을 감출 수 없었다고 합니다. 그는 이 사실이 발견될 당시 44세였습니다.

IQ가 75로 좀 낮았지만 공무원으로 근무하고 있었으며 두 자녀를 둔 기혼 가장으로 비교적 건강했습니다. 그가 뇌의 10%만을 가지고도 정 신질환을 겪지 않을 수 있었던 이유는 무엇이었을까요?

다음은 바다에 대한 이야기입니다. 바다는 지구 표면의 70% 이상을 덮고 있으며, 날씨를 주도하고, 온도를 조절합니다. 궁극적으로 바다는 모든 생명체를 지탱하는 지구 생명의 원천입니다.

역사를 통틀어 바다는 생계, 교통, 상업, 성장, 영감의 주요한 원천입니다. 그러나 바다에 대한 지구상의 모든 과학적 물리적 노력에도 불구하고 이 광대한 수중 영역은 아직 80% 이상을 알 수 없으며 관찰되지 않고 탐험 되지 않은 채로 남아 있습니다.[5]

우리 인류는 400만년의 역사를 가지고 진화하고 있다고 학계에서는 말합니다. 대략 45억년 전 탄생했다고 추측하는 지구에서 인류의 기원과 멸망은 이번이 처음일까요?

나는 인류의 탄생이 적어도 수십 번 일어났다고 생각합니다. 세계

---

5 oceanservice.noaa.gov 'How much of the ocean have we explored?'
  NOAA Feb 26 2021

곳곳에서 발견되는 오파츠[6]들은 그 예가 될 수 있을 것입니다.

오파츠 들은 대부분 인위적으로 만들어진 가짜인 것으로 알려져 있습니다. 그럼에도 불구하고 세계 곳곳에서 발견된 진짜 유물들은 현대 과학으로 설명할 수 없는 것들이 많습니다.

이집트의 아비도스 사원에 그려져 있는 전구의 그림, 상형문자에서 발견된 헬리콥터의 모습이나 현대의 비행기, 잠수함의 모양은 세계적인 시선을 끌었으나 상형문자 위에 조작한 가짜로 밝혀졌습니다.

그러나 이집트에서 발견된 또 다른 오파츠 '네브라 스카이 디스크 Nebra Sky disk'는 기원전 1600년대 유물로 인류 최초의 천문 원반입니다. 직경 30 cm 정도의 이 원반은 유네스코 세계기록유산에 2013년 등재되었습니다. 인류가 천문 현상을 문자로 표현하기 시작한 것은 네브라 스카이 디스크의 1000년 후로 알려져 있습니다.

이처럼 우리는 지금까지 우리의 신체와 우리의 행성에 면면에 대해서도 모르는 것이 너무나 많습니다. 지구 곳곳에서 벌어지는 수많은 미스터리와 우리가 알지 못하는 미지의 영역에 대해 책을 쓴다면 아마도 내가 이 책에서 여러분께 말하고자 하는 내용보다 훨씬 더 많은 페이지가 필요할 것입니다.

모든 인류가 영적 의식을 높여 에너지와 식량을 함께 나누고 국가

---

[6] 오파츠(Out-of-place artifacts, OOPARTS) 그 당시 역사적으로 존재했던 문명의 수준보다 한참 높은 수준 의 물건의 발견 - 위키백과 wikipedia.org

의 구분 없이 살아가려고 한다면 지구의 모든 문제는 사라지고 인간은 이 지구를 아름다운 천국으로 진화시킬 수 있을 것입니다.

우리는 영적 차원에서 자신이 설계한 인생을 인간의 육신을 입고 체험합니다. 아마도 당신의 지구별 체험은 이번이 처음이 아닐 가능성이 매우 높습니다.

어쩌면 당신은 지구별을 수백 번 여행한 베테랑 영혼일지도 모릅니다. 우리는 행성 '지구'와 '나'라는 존재에 대한 그 존재 이유를 다시 알아가야 합니다.

• 본문에서 인용된 자료와 사진은 메디타버스 북스 홈페이지에서 보실 수 있습니다.
  meditaversebooks.com

늘 가까이 있는 영적 심상화의 힘

나는 30대가 시작되면서 기업에서 홍보와 사내 커뮤니케이션 업무를 시작하였습니다. 내가 일 년 중 기획하고 실행해야 하는 크고 작은 행사는 10여개 정도 되었습니다.

나는 회사 내에서 모든 행사를 기획하고 섭외하여 실행할 수 있는 유일한 사람이었습니다. 그 회사는 통신 분야의 기계장치를 만드는 기업이기 때문에 내가 입사하기 전까지는 사내 커뮤니케이션과 같은 업무가 없었습니다.

그래서 모든 업무는 새롭게 기획되어야 했습니다. 나의 업무는 여러 대 기업에서 스카우트 되어 이전 대기업의 조직문화가 몸에 밴 각 부서의 사원들을 하나로 융합하여 이들이 함께 좋은 팀워크를 만들 수 있도록 하는 것이었습니다. 사내 커뮤니케이션 활동의 대부분은 여러 가지 행사를 주관하여 부서를 넘어 인간적인 친목을 만드는 것입니다. 이것은 결과적으로 부서와 개인의 이기주의를 줄여 업무 협조를 원활하게 만드는 것이 목표였습니다.

나는 그 회사를 10년간 근무하였는데 모든 행사에서 가장 세심하게 준비한 것은 안전사고 발생에 대한 철저한 대비였습니다.

그리고 행사의 콘텐츠 기획은 큰 주제가 있어도 그 짜임새가 매우 중요하여 몇 달 전부터 준비하는 경우가 많습니다. 행사 후 참여한 사람들의 만족도는 항상 나의 평가에 즉시 반영되었습니다.

그리고 참가자들이 제일 중요하게 여기는 것은 단연 행사 후 시작되는 연회였습니다. 연회에 준비된 음식이 적거나 참석자들의 기대 이하면 그 후에 받는 비난은 당시에는 정말 견디기 힘들 정도였습니다.

그래서 나는 행사의 진행과 관련된 콘텐츠와 섭외 대상 리스트 그리고 준비물에 대한 리스트 등 체크리스트를 만들어 쉴 새 없이 관련 사항을 체크하고 메모하였습니다.

나는 몇 주 동안 생각 속에서 행사의 시작부터 끝까지 가상의 '리허설 Rehearsal'[1]을 반복했습니다. 그중 가장 효과적이고 많은 아이디어와 영감을 준 것은 잠들기 전에 집중해서 생각하는 '시뮬레이션과 리허설' 이었습니다.

---

1 Rehearsal(리허설) : 행사나 의례를 시행하는 데에 앞서서 청중이 없는 곳에서 미리 정해 놓은 절차를 시험하고 이를 통해 개선점이나 문제를 찾아 수정하는 일련의 과정을 말합니다.

잠들기 전 체크리스트를 머리맡에 두고 잠자리에 듭니다.

침대에 누워 가상의 리허설을 하며 생각나는 아이디어나 문제점은 잠시 몸을 세워 체크리스트에 메모하다 잠이 들곤 했습니다.

예를 들어 체육대회를 준비 한다면 섭외한 전세버스가 도착하여 탑승하고 각 차량의 인원 체크를 하는 순간부터 출발 시 모두에게 안전벨트를 매도록 독려하는 등 가상의 리허설을 하면 소소한 문제부터 발생할 수 있는 사고까지 미리 체크하게 됩니다.

몇 주에 걸쳐 출발부터 행사 진행 시 모든 과정과 행사가 끝나고 무사히 다시 도착하기까지 모든 과정의 가상 리허설을 밤마다 여러 번에 거쳐 반복하였습니다.

현실에서는 준비물들이 하나씩 채워지고 행사에 필요한 인원이 조직되고 행사를 위한 모든 섭외가 완료됩니다. 실제로 행사가 시작되면 거의 모든 부분이 나의 상상과 생각대로 진행이 되었고 대부분 성공적으로 마무리되었습니다.

개인적으로 가장 뿌듯한 점은 음주가 포함된 행사를 진행하면서 10년간 단 한 건도 안전사고도 일어나지 않았다는 것입니다. 기업 행사는 조직원들 간의 친목과 소통이 중요합니다.

맛있는 음식과 술은 평소에 멀게 느껴졌던 동료나 부서 간의 소통을 원활히 연결하는 윤활유 역할을 합니다. 그리고 여흥을 즐기기 위해 함께 춤도 추고 노래도 부르다 보면 친해져 업무에서 부딪치던 딱딱한 분위기에서 벗어나 상대를 바라보게 됩니다.

그러나 술이 과하면 갖가지 다툼과 안전사고를 불러올 수도 있기 때문에 행사를 주관하는 담당자로서는 가장 긴장해야 하는 시간이기도 했습니다. 다행히도 가상의 리허설을 통해 10년간 단 한 번의 안전사고 없이 무사히 모든 행사를 마쳤다는 것은 지금도 너무나 감사한 일입니다.

만약 사고가 있었다면 다음 행사부터는 기획이 어려워지고 아마도 행사가 축소되거나 폐지되어 점점 나의 업무는 줄어들고 회사에서는 나를 해고하려 했을 것입니다. 그러나 가상의 리허설은 철저한 준비를 만들어 주었고 안전한 결과로 이끌어 주었습니다.

당시 나는 이런 생각과 심상화가 영적인 힘과 어떤 연관이 있는지 알지 못하였습니다. 모든 것이 단지 운이 좋아 무사히 진행되었다고만 생각하였습니다.

영적 리허설 'Ssal'

이제부터 여러분께 말씀드릴 '원하는 삶으로 이끌어줄 영적 리허설'을 줄여 'Ssal ^{싸알}[1]이라 부르겠습니다. Ssal은 여러분이 원하는 인생의 새로운 경로를 열어줄 것입니다.

여러분은 이제부터 Ssal을 사용하여 원하는 삶을 상상으로 그리고, 그것을 현실로 나타나게 하는 영적인 힘에 대해 배우게 될 것입니다.

우선 가벼운 마음으로 일상생활에서의 Ssal을 알아보겠습니다. Ssal은 모든 분야의 준비 과정이나 기획 과정에서 좋은 성과를 만들 수 있습니다. 가족들과 여행을 가거나 면접을 앞뒀을 때도 마찬

---

[1] Ssal(Spiritual Rehearsal) : Ssal은 내가 원하는 창조적인 삶을 만들기 위한 영적 심상화뿐만 아니라 영적 에너지와 의식(儀式)을 온전히 발휘할 수 있는 상태가 되도록 준비되는 모든 과정을 의미합니다. 영적 창조는 의식적 무의식적인 존재 상태가 유지되어야 가능합니다.

가지입니다. 여러분이 여행을 앞두고 있다면 Ssal은 출발할 때의 즐거운 모습과 여행하면서 사진을 찍으며 기뻐하는 모습, 그리고 잘 돌아와 집에서 짐을 풀면서 분주한 모습까지 Ssal을 그리면 여행에서 아무런 사고 없이 평범한 삶으로 돌아오게 될 것입니다.

면접을 앞두고 있을 때도 Ssal을 그리기 시작합니다. 면접에서 일어날 좋은 상상을 통해서 자신감을 가질 수 있도록 매일 밤 잠자리에 들기 전 Ssal을 그립니다. Ssal을 상상하여 그릴 때 과정이 필요한 일들은 전체의 과정을 살피면서 아이디어나 영감을 얻고 그것이 원하는 대로 잘 이루어지는 결과를 그리는 것입니다.

Ssal을 사용한 계획은 영적 세계에 창조에 대한 씨앗을 심는 중요한 시작입니다. 이 방법은 구체적인 계획과 실행이 필요한 삶의 여정에 탁월한 효과를 발휘합니다. 그 씨앗은 당신의 믿음과 자신감에 영양분을 먹고 자라나 현실로 나타나게 되기 때문입니다.

내가 말하는 상상은 사실 상상 이상의 것을 필요로 합니다. 그것은 마치 생각이라는 도구로 그림을 그리는 것이라고 이해할 수 있을 것 같습니다. 단순히 상상하면 그것은 우리가 TV나 인터넷에서 영상을 보듯 그냥 보는 것에서 끝날 수 있기 때문입니다.

생각을 사용하여 그림을 그리는 것은 계획과 동시에 영적인 파동을 일으키는 행위입니다. 그래서 많은 영적 창조를 다루는 책에서 생생한 상상을 하라는 이유가 바로 이것 때문입니다.

생생한 생각의 그림을 그리는 주인공은 항상 나여야 합니다.

나의 모습과 대상의 모습 그리고 상대의 모습 구분을 확실히 그려내야 합니다.

만약 내가 이번 주말 축구 시합에서 득점하며 승리하는 'Ssal'을 그리고 있다고 예를 들어 보겠습니다. 그러나 그 상상 속 영상에서 세레머니를 하는 사람의 얼굴이 아르헨티나 축구 영웅 '리오 넬 메시' 이거나 브라질 축구 영웅 '네이마르'가 떠오르면 안 된다는 뜻입니다.

책을 읽으시는 독자분들은 이것이 뭐 그렇게 어려운가 생각하시는 분이 있을지 모르겠지만 실제로 생각을 사용하여 생생하게 그림을 그리는 것은 처음에는 쉽지 않습니다.

잠자리에 들기 전 Ssal을 그리고 잠이 들면 우주의 거대한 시스템은 당신이 그린 상상의 그림을 현실로 만들기 위해 움직입니다. 우주는 당신이 원하는 것이 크든 작든 그것의 크기를 재지 않습니다.

당신이 밤하늘에 보는 별이 먼지처럼 작게 느껴지듯 저 우주에서 바라보는 우리의 지구는 먼지보다 더 작습니다. 우주의 시스템은 손가락 하나만 까딱해도 당신의 소망을 이루게 해줄 것입니다.

당신이 소망하여 체험하는 것은 '창조'이며 새로운 데이터입니다. 우주는 새로운 체험의 데이터를 좋아합니다. 당신이 어떤 결정을 하고 또 그것을 체험하여 새로운 데이터를 만들어내면 우주의 시스템은 항상 감사히 그것을 기록하고 계속하여 다음 체험을 실행하도록 돕는 것입니다.

당신이 아침에 일어나 잠이 덜 깬 상태에서 잠들기 전 그렸던 Ssal이 다시 그려지며 복기 된다면 그것은 아주 좋은 징조입니다. 내면의 에너지가 당신의 요구사항을 실제로 받아들이고 무의식에서도 잘 작동되고 있다는 증거이기 때문입니다. 그런 아침을 맞이한다면 깊이 감사하는 마음을 가져야 합니다.

"잠이 들기 전 하는 Ssal이 왜 효과가 좋을까요? 잠이 들기 위해서는 영혼이 육체를 잠시 떠나야 합니다."[2] 졸린 상태는 깨어남 없이도 영적으로 각성이 되어 한계가 없는 영혼의 차원에 입력이 되기 때문입니다.

"그리고 적당하게 졸린 상태는 여러분의 생각을 조절하는 데 도움을 줄 수 있습니다. 졸린 상태는 애쓰지 않고 주의력을 갖는 것에 도움을 주기 때문에 변화를 용이하게 만듭니다."[3] 이 문장은 전 세계적으로 존경받는 미국의 형이상학자 네빌 고다드의 강연 내용 중 일부입니다. 네빌 고다드는 현대의 양자역학과 연결되는 끌어당김의 법칙을 1930년대부터 강연온 선각자입니다.

항상 깨어나 존재를 인식하는 것을 '깨어있음 Awakening'이라고 합니다. 우리나라에서는 비슷한 의미로 '현존'이라는 말을 사용합니다. 현존이란 지금 이 순간을 산다는 의미입니다. 이 순간을 살면 과거의 기억과 미래에 대한 걱정을 '알아차림'이 가능하여 생각에서 '에고'를 분리할 수 있는 의식상태를 말합니다.

---

2 신과 나눈 이야기 Conversation with GOD 한국어판 1- 3권 합본 1023p 〈아름드리미디어〉
3 네빌 고다드 5일간의 강의 61~62p 네빌고다드 이상민 옮김 〈서른세개의 계단 2008.4.17〉

나는 내적 폭발에 의해 40일간의 영적 각성을 체험하였습니다.

체험에 의한 '깨어남'은 '깨어있음'으로 이끌리면서 그것이 현존과는 좀 다른 것이라는 것을 느끼게 되었습니다. '현존'은 의식의 각성으로 만들어진 상태로 깊은 깨달음의 경지라 할 수 있습니다.

'깨어있음'은 존재의 인식에 의한 믿음에서 발생 되는 의식으로 내가 어떤 존재로서의 믿음이 유지되는 상태라 말할 수 있습니다.

'깨어있음'은 구분이 없음을 체험하여 구분을 인식하게 되는 것으로 전체의식과 체험의식 그리고 동물 의식의 구분이 가능한 상태라고 할 수 있습니다. 이 부분은 뒤에서 자세히 말씀드리도록 하겠습니다.

'깨어남'은 위험했던 사고나 임사체험 등의 여러 사례를 통해 일어난다고 합니다. 그러나 '깨어남의 사건'이 없어도 명상을 통해 깨어남에 이르는 사람은 많이 있으며 그 깨어남의 속도는 빨라지고 있습니다. '깨어남'은 내가 깨어나고자 하는 의지가 있으면 조금의 노력만으로 가능합니다.

명상을 하거나 혼자 조용한 곳에서 사유하며 나는 누구인가? 나는 어디에서 왔는가?, 나는 어디로 가는가? 라는 생각을 반복하고 그것에 관심을 가지면 머지않아 내면 깊은 곳에서 응답이 들려올 것입니다.

그 질문의 정답을 미리 말씀드리면 우리는 찬란한 사랑이며 사랑과 기쁨만이 존재하는 영적 차원으로부터 왔고 우리는 다시 그 영적 차원으로 돌아간다는 것입니다. 이것은 내가 무엇과도 구분되지 않는 것입니다. 앞으로 우리에게 이 '구분'이라는 것은 매우 중요합니다. 구분되기 때문에 '체험'이 있고 구분되어있지 않으면 '열반 Nirvana'[4]이 되는 것입니다.

"구분되기에 '체험'이 있고 구분이 없으면 '열반'이 되는 것"

인간이 지구 체험에서 구분이 없는 무조건의 사랑을 나누기 어려운 이유는 3차원의 물질 세상이 구분되어 보이기 때문입니다.

프랜시스 로렌스 감독의 영화 '콘스탄틴'에 거의 마지막 부분에서 지옥의 왕 '루시퍼'가 나옵니다. 루시퍼는 인간을 대신하여 죽음도 불사하는 주인공 '콘스탄틴'을 보며 말합니다. "sacrifice? 희생"

'콘스탄틴'은 '자기희생'으로 죽음에 이르고 천국의 빛으로 들려 올라갑니다. 콘스탄틴은 '루시퍼'에게 가운뎃손가락을 치켜듭니다. 그러나 그것을 못마땅하게 여긴 '루시퍼'는 죽어가던 콘스탄틴의 암세포를 꺼내어 그를 다시 살려줍니다.

그 이유는 '콘스탄틴'이 인간 세상에 더 살면서 죄를 짓기 바랐기 때문입니다. 그래야 훗날 자신의 왕국인 지옥으로 와서 그동안 자신을 방해한 대가를 치르게 할 수 있기 때문입니다. 이처럼 영화에서 자주 소재가 되는 선과 악의 구분은 인류가 가장 넘어서기 힘든 구분입니다.

---

4 열반(Nirvana 涅槃) : 열반은 불교에서 가르치는 더 이상의 어떠한 고통, 욕망, 자의식이 없는 초월의 경지에 다다른 상태를 말합니다. 어떤 깨달음에 의해 업보 및 윤회에서 해방된 상태를 말하기도 하며 불교에서 수행자가 죽음에 이른 것을 높여 열반에 들었다고 표현하기도 합니다.

그러나 구분이 없는 영적 차원에서는 선도 악도 지옥도 없습니다. 이것은 창조의 데이터를 검증하기 위해 구분된 3차원의 세계에서 인간의 상상력으로 창조된 허상일 뿐입니다. 지옥이 없으니 당연히 악마나 마귀도 존재하지 않습니다.

구분이 없으면 체험은 존재하지 않습니다.

흰색 물감만 있는 세상에선 무지개를 그릴 수 없기 때문입니다. '나'라는 구분 그리고 빛과 어두움, 선과 악이라는 구분이 있어야 물질적 체험을 시작할 수 있는 것입니다.

이제 다시 'Ssal'의 경험에 관해 이야기해보겠습니다.

나는 개인사업을 시작하면서 점점 스트레스가 늘어갔습니다. 당시에 나의 성격은 내가 만든 것들도 마음에 들지 않으면 다른 누구에게도 보여주고 싶어 하지 않는 완벽함을 추구하는 꼼꼼한 성격이었습니다.

그런 나의 성격은 나 자신에게 더욱 스트레스를 가중하는 상황을 자주 만들었습니다. 지금은 깨어남이 있고 명상과 독서를 통해 많은 부분 차분함을 유지하고 완벽하지 않아도 생각을 구별하고 있습니다.

그러나 당시에는 사업을 시작하면서 밤낮없이 일하다 보니 마시는 커피는 한잔에서 두 잔이 되고 나중에는 거의 온종일 커피를 곁에 두지 않으면 일하기 어려울 지경이 되었습니다.

그러다 보니 커피를 마시지 않으면 심한 두통에 시달려 당시에는 커피

없이는 업무를 할 수 없는 몸이 되고 말았습니다. 커피에 중독이 된 후 잠을 지속해서 자지 못하고 2시간마다 깨는 일이 빈번해졌습니다. 또 몸은 피곤하여 잠을 자는데 정신은 각성이 되어 생각이 꼬리에 꼬리를 물고 계속되는 불면증이 일어나기도 했습니다.

커피를 줄여야 한다는 생각은 항상 가지고 있었지만 쉽지 않았습니다. 그러다 어느 날은 오른쪽 눈 아래가 파르르 떨리기 시작하였습니다.

그러나 그때 나는 이것을 흔한 마그네슘 부족으로 여기고 마그네슘이 많이 든 음식을 찾아 먹고 대수롭지 않게 여겼습니다. 그러나 그 증상은 점점 심해졌습니다.

어느 날부터 오른쪽 얼굴 전체가 마비되는 듯한 증세가 나타나며 오른쪽 얼굴 전체와 눈을 찡그리는 증상이 나타나 병원에 갔습니다. 의사가 말하길 이것은 'Hemi facial Spasm'으로 일명 '윙크병'이라고 하였습니다.

그래서 약을 먹고 커피를 줄이는 노력을 하였습니다. 그러던 중 지인에게 선물로 받은 홍차와 인연을 갖게 되었는데 커피와 병행하여 마시다 보니 커피를 점점 줄일 수 있게 되었고 커피의 의존에서 벗어나게 되었습니다.

홍차도 카페인이 들어있어 각성에 도움이 되지만 카테킨과 테아닌이 카페인 흡수를 방해해 중독은 일으키지 않으면서도 스트레스에 의한 긴장감은 완화 시킨다는 것이 장점이었습니다. 그리고 일하면서 커피처럼 계속 뭔가를 마시는 욕구를 충족시킬 수 있어 좋았습니다.

나는 그 후로 잠도 5시간 이상 지속해서 잘 수 있게 되었고 커피를 마시지 않아도 두통이 생기지 않았습니다. 그렇다고 홍차에 중독된 것도 아닙니다. 이제 물을 곁에 두고 많이 마시고 있습니다. 대인기피증까지 유발한 윙크 병은 이제 씻은 듯이 다 나아 그런 병이 있었던 것조차 잊었을 정도입니다.

이 이야기는 나의 새로운 사업아이디어가 되었습니다.

나는 실제 이 아이디어와 스토리텔링으로 사업을 하기 위해 'Ssal'을 사용하였습니다. 그리고 나의 건강을 지킨 비결을 여러 사람과 나누고 싶었습니다. 그래서 공부하던 중 흥미로운 사실을 알게 되었습니다.

홍차는 아시아에서는 '레드 티 Red tea'로 그리고 유럽 등 서구권에서는 '블랙 티 Black tea'로 불리고 있는데 그 차이는 바로 물에서 만들어지는 것이었습니다. 물에 함유된 무기질의 함량에 따라 '차茶'의 색이 변하고 맛도 달랐던 것입니다. 그래서 수질이 좋은 나라는 차의 인기가 떨어진다는 것을 알았습니다.

그 이유는 무기질이 약한 물에 차를 우려내면 떫은맛이 나서 홍차 맛이 떨어진다는 것이었습니다. 그래서 해양 심층수와 같이 무기질이 풍부한 물과 홍차를 접목한 여러 가지 마케팅 아이디어를 생각했습니다.

당시에 나의 Ssal입니다.

1) 나는 마케팅에 필요한 좋은 홍차를 찾아냈습니다.
2) 투자 유치로 사업자금을 확보했습니다.
3) 스리랑카 홍차 브랜드의 판매 독점권을 취득했습니다.
4) 전국 백화점과 마트에 입점했습니다.
5) 브랜드 Tea café를 오픈했습니다.

나는 이 항목들이 이루어진 상황을 생각으로 그려내고 그것을 믿으려 노력하였습니다. 그때 나는 영적인 힘을 여러 가지 방법으로 실험해 보는 시기이기도 하였습니다. 그래서 시행착오도 많았습니다.

자주 비슷한 내용을 거듭거듭 생각하고 상상하면 간절함이 우주에 울려 퍼질 것 같았습니다. 그러나 그것은 실패의 원인이 되기도 하였습니다. 나는 명상 중에 비슷한 내용의 Ssal을 자주 하였습니다.

정말 이루고 싶은 일들은 짧은 문장으로 만들어 하루에 100번씩 100일을 적은 적도 있습니다. 그러나 그것은 이루어지지 않았습니다. 오히려 순간적인 느낌에 따라 자신감을 갖고 추진하면 오히려 예상보다 좋은 결과를 얻게 된 경우가 더 많았습니다.

영적인 수업을 하시면서 여러분들은 나와 같은 실패를 겪지 않기를 바랍니다. 이것은 내가 책을 쓰게 된 계기이기도 합니다.

명상을 하는 이유는 다양합니다. 궁극적인 목적은 나와 태초의 의식 그리고 모든 만물의 구별이 없는 하나의 의식을 느끼는 원천적 기쁨과 자유를 얻기 위함입니다. 그러나 상상을 통해서 내적 치유를 하기도 하고 의식의 증폭을 통해 다른 차원을 경험하기도 합니다. 더 나아가 유체 이탈을 체험하는 사람들도 있다고 합니다. 그리고 정신적 힐링을 위한 가벼운 명상법도 많이 있습니다. 저는 명상에 대한 전문가가 아니어서 학문적인 접근이나 체계는 잘 모릅니다.

또한 그것을 전문적으로 배우고 싶은 마음을 갖지 않습니다. 배워서 머리로 먼저 알게 되면 나중에 체험이 되는 길에 오히려 방해될 수 있기 때문에 영감이 떠오르면 먼저 체험하기 위해 여러 시도를 해봅니다.

그리고 나중에 책이나 전문가의 강연을 보면서 내가 체험한 것과 차이점을 이해하고 또 다른 영감을 얻기도 하였습니다.

'Ssal'을 자유자재로 사용하기 위해서는 자주 깊은 명상을 통해 내가 창조자와 동업한다는 강력한 믿음의 원천으로 들어가야 합니다. 말은 거창하지만 하다 보면 생각한 것보다 빠르게 체험할 수 있어서 오히려 놀랄 수도 있습니다.

명상의 기본은 편한 자세로 허리를 펴고 바닥에 앉거나 의자에 앉아 시작합니다. 가볍게 눈을 감습니다. 표정은 무표정이나 아주 살짝 미소 띤 얼굴도 좋습니다. 처음 호흡은 크게 세 번을 하는데 코로 들이마시고 코로 내뱉습니다.

그리고 평상시 호흡으로 돌아옵니다. 이제 들어오는 공기와 나가는 공기의 호흡에 집중합니다. 어떤 생각이 떠오르면 속으로 옴...[5] 하며 생각을 흘려보냅니다.

처음에는 짧게 5분 명상부터 시작하여 점차 시간과 횟수를 늘려보시기 바랍니다. 이후에 명상이 잘되면 명상 속에서 Ssal을 통하여 본인이 원하는 미래를 그려보시기 바랍니다.

여러분이 명상을 하시다보면 우리의 생각이 끊임없이 일어난다는 것을 알게 될 것입니다. 생각은 내가 아무리 멈추려고 노력하여도 고장 난 수도꼭지와 같이 제어가 되지 않을 것입니다.

여러분은 명상을 하면서 부정적인 생각이 나의 창조에 대해 끊임없이 시비를 걸고 훼방을 놓는다는 것도 알아차리게 될 것입니다. 우리의 목표는 부정적인 생각을 이기거나 부정적인 생각을 눌러 억압하는 것이 아니라 생각을 알아차리고 생각이 나를 따르도록 하는 것입니다.

예수님께서는 광야에서의 40일 동안 기도하시며 마귀들의 시험에 들었었고, 불교 경전에도 부처님께서 악마들과 싸우시는 모습이 자주 등장합니다.

앞서 말씀드린 것과 같이 악, 악마, 마귀 이런 것은 영적 세계에서는 존재하지 않습니다.

---

[5] 옴(Oṃ)은 그 발생지인 인도에서 고대의 베다시대부터 사용된 신성한 소리입니다. 우파니샤드의 각 장마다 그 처음이 옴으로 시작됩니다.
한국민족문화대백과사전 2016 김영덕 http://encykorea.aks.ac.kr

그런데 영적인 레벨이 월등히 높으신 분들도 싸워야 하는 것이 있었으니 그것이 바로 종교 경전에서 악마나 마귀로 표현된 '생각'입니다.

내가 허락하지 않는데도 이 생각이라는 것은 끊임없이 나를 시험합니다. 우리는 3차원의 세상에서 체험하며 인생이라는 여정을 향해 나아갑니다. 명상의 이유는 영적 에너지를 깨워 충만하게 하고 무의식으로 들어가 비우고 채우기 위함입니다.

특히 명상 중에 'Ssal'을 그리고 찬란한 미래를 창조합니다.
그리고 그것을 실행하기 위한 행동을 합니다.

한 어부의 예를 들어 보겠습니다.

그는 명상을 통해 사랑과 기쁨의 에너지를 얻고 자신감이 충만해졌습니다. 그리고 Ssal에서 만선의 미래를 생생하게 그렸습니다. 그런데 그는 바다에는 나가지 않았습니다.

그는 집에서 TV를 보며 시간을 보냈습니다. 그러면 그가 원하는 만선의 미래가 이루어질까요? 전혀 이루어지지 않을 것입니다. 명상과 Ssal을 하고 난 후에는 반드시 바다에 나가 그물을 던져야 합니다.

3차원 현실에서는 반드시 Ssal과 체험을 함께해야 창조가 가능하기 때문입니다. 체험 중에 여러분은 많은 생각의 마귀들을 물리쳐야 하지만 반드시 계획한 Ssal에 관련된 실행을 하시기 바랍니다.

나의 홍차 사업의 Ssal은 절반의 성공을 하였고 진행 중입니다. 나는 Ssal을 통해 스리랑카 옛 실론 Ceylon의 홍차의 브랜드를 찾게 되었고 여러 업체를 비교하여 마케팅에 적합한 업체를 선정하였습니다.

나는 창업 아이디어에 당선되어 국가에서 창업자금을 지원받았습니다. 스리랑카의 실무자들과 메일을 주고받으며 선정한 브랜드의 판매 독점권과 조건을 타진하였습니다.

나는 밤낮없이 자료를 조사하고 사업계획서를 작성하였습니다. 그리고 나는 스리랑카로 날아갔습니다. 내가 결정한 브랜드의 공장과 홍차 농장을 방문하였고 재배, 제조, 가공, 포장의 모든 과정을 실사하였습니다.

그리고 최종적으로 스리랑카에서 진보적인 마케팅과 디자인 투자로 성과를 내고있는 H사와 1년여의 협상 끝에 국내 독점 판매에 대한 권한 계약을 체결하게 되었습니다.

아무리 친한 지인도 나의 성공을 예견하지 못합니다. 내 가족이나 친구들은 내가 사업을 하다 실패하여 힘든 삶을 살아갈까 봐 걱정하여 말립니다. 또 어떤 사람들은 나의 성공을 시기하여 자기가 아는 여러 이유를 말하며 그건 무조건 해서는 안 되는 사업이라고 말합니다.

그러나 우습게도 그들은 나의 길을 먼저 가본 선구자가 아닙니다. 그렇게 한마디씩 참견하는 사람들을 들여다보면 정작 그들은 관련된 학위 하나 없고 사업계획서도 한 번 적어본 적 없는 사람들이 대부분입니다.

그런데 그들은 이건 이래서 어렵고 저건 저래서 어려운데 네가 그것을 할 수 있겠냐며 비아냥거렸습니다. 그러나 나는 내가 Ssal을 그리고 본 그대로 한걸음 씩 나아갔습니다. 이것은 나에게 또 다른 성장의 기회가 되었습니다.

그리고 6개월 후 'Ssal'에서 본대로 국내 3대 백화점 체인 중의 하나인 H사와 미팅을 하였고 입점을 허가받게 되었습니다. 이 일은 나에게 있어 정말 기적과도 같은 일이었습니다. 나의 주변 사람들도 이런 나의 모습을 신기하게 이야기하곤 합니다.

나는 학창 시절 영어 공부보다는 그림과 연극을 좋아하는 학생이었습니다. 그러나 이번 사업에는 꼭 비즈니스 영어와 무역 용어가 필요했습니다. 나는 명상 중에 Ssal에 들어가 내가 멋지게 영어로 이야기하고 계약서에 사인하는 Ssal을 보았습니다.

그리고 모든 과정에 필요한 문장을 적어 시나리오를 준비한 후 번역하였습니다. 그리고 떠나기 일주일 전부터 매일 열심히 읽었습니다.

스리랑카 홍차 메이커 H사의 회장은 국내 독점판매에 대한 최종 계약 후 나에게 만찬을 베풀어주었습니다. 그 자리에는 마케팅 담당 이사와 지역 담당자가 함께 배석하였습니다. H사의 회장은 나에게 물었습니다. "1년 전 당신은 영어를 잘하지 못해서 이메일로만 협상을 진행하자고 하더니 그것은 전략적이었습니까?"

그때도 나는 "필요한 문장을 적어 번역하고 일주일간 외워 당신과 말하고 있다."고 했습니다. 그러나 그는 믿지 않는 눈치였습니다. 그는 나에게 미국인처럼 영어를 잘한다고 말해 주었습니다.

담당 이사는 내가 타 업체와 가격과 구매 조건을 비교하기 위해서 시간을 끌면서 여러 업체의 데이터를 모으고 있다고 판단했다고 합니다. 같은 상황을 가지고도 누구나 자기가 보고 싶은 대로 보고 생각하고 싶은 대로 생각하는 법인가 봅니다.

저는 사실 외워 온 영어 문장 몇 장과 중학교 실력의 영어로 비즈니스를 하고 있어 진땀을 빼고 있었는데 말이죠. 다행히 그들에게 나의 비즈니스 영어와 무역 용어는 통했습니다.

지금 생각해 보면 그런 용기가 어디서 나와 해외에 나가 비즈니스를 진행했으며 영어로 며칠 동안 미팅했는지, 또 그것이 내가 한 것인지조차 지금은 믿어지지 않을 때가 있습니다.

그 과정을 다음에 다시 한번 하라고 한다면 어쩌면 망설일지도 모르겠습니다. Ssal은 이렇게 마법처럼 내가 원하는 곳으로 나를 이동시켜 줍니다. 여러분도 Ssal의 수업을 잘 마친다면 마법 같은 Ssal의 영적인 힘을 알게 될 것입니다.

찬란한 빛, 폭발한 사랑

이제 여러분께 나의 '깨어남'에 대해 말씀드리겠습니다.

앞서 나는 '깨어남'은 누구나 원하고 요구하면 우주는 그것에 응답하여 '깨어남'을 선물할 것이라고 말씀드렸습니다.

나는 사춘기를 지나면서 세상의 미스터리에 대해 깊은 관심을 가졌습니다. 그리고 광활한 우주를 동경하는 소년이었습니다. 'UFO'에 대한 이야기들과 사진을 좋아하고 자연스럽게 SF 영화광이 되어갔습니다. 아마도 그 시절부터 질문들이 마음속에서 생겨났고 그 질문들은 항상 나에게 답답함을 갖게 했습니다.

나는 누구일까? 나는 어디서 와서 어디로 가는 것일까? 단순히 어머니의 자궁에서 만들어져 흙으로 돌아가는 것일까?

천국과 지옥이 있다면 그다음은 무엇이 있을까? 우주에 끝에는 무엇이 있을까? 그때 나는 보이는 것 너머의 무언가를 항상 궁금해했습니다. 나는 9살부터 종교를 가졌고 두 번째 이끌림이 있던 해 종교를 내려놓게 되었습니다.

나의 '깨어남'은 정말 이상하게 나를 찾아왔습니다.

당시에 나는 임신을 한 아내와 행복하게 살고 있었습니다. 결혼하고 우리는 변두리의 작은마을 아파트 10층에 살았습니다. 도시에서 떨어져 있어 그런지 저녁이 되면 이곳은 밤하늘에 별들이 아주 많이 보였습니다. 나는 서재 베란다에 나가 밤하늘의 별을 바라보는 것을 즐겼습니다.

어느 날 나는 밤하늘에 반짝거리는 별을 보며 이런 생각을 했습니다. "저 반짝이는 별에서 우리를 바라본다면 우리도 먼지처럼 작게 보이겠지... 누군가 저 반대편에서 나를 바라보고 있다면 한번 만나보고 싶다..." "그런데 우리는 이 먼지만 한 공간에서 서로를 미워하고 전쟁을 일으켜 죄 없는 목숨을 빼앗으며 살고 있구나..." 이런 생각이 들며 나는 갑자기 마음속 깊은 곳에서 슬픔이 밀려왔습니다.

그런데 그때였습니다.

하염없이 바라보던 밤하늘에 별들이 조금씩 더 밝아지며 나에게 뭔가 말을 하는 듯 반짝거렸습니다. 그리고 순간 가슴속에서 뭔가 폭발하는 듯 뜨거움을 느꼈습니다. 그리고 어떤 감정이 나를 지배하기 시작했습니다. 그것은 한없이 찬란한 사랑과 기쁨이었습니다.

나는 그때의 나의 상태를 이렇게밖에 표현할 수 없지만 당시에는 온몸에 털이 다 일어나고 소름이 돋으며 내가 그동안 그토록 알고자 했던 모든 질문이 단 몇 초 만에 깨졌습니다.

나는 잠시 후 거실에서 텔레비전을 보던 아내를 부르며 달려 나갔습니다. 아내는 조금 놀라며 "왜 그러냐?" 물었습니다. "여보 나 알았어… 내가 어디서 와서 어디로 가는지… 우리는 사랑이야." 그리고 한참 동안 무엇을 설명했던 것 같은데 내 아내는 어안이 벙벙한 표정으로 나를 바라보았습니다.

그리고는 이렇게 말했습니다. "그런데 그게 왜?" 나는 내 안에서 폭발한 이것을 더 이상 말로는 설명할 수가 없었습니다. 나는 순식간에 무엇인가가 내 가슴과 머릿속으로 들어온 느낌을 받았습니다.

그날 이후 나는 세상의 모든 것이 아름답고 사랑스럽게 느껴졌습니다. 사랑과 기쁨에 가득 찬 나의 '영적 각성'은 이후 40일쯤 계속되었습니다. 그때는 초여름이었는데 버스를 타고 가던 중이었습니다.

머리가 듬성듬성 빠진 백발의 남성이 다 늘어난 티셔츠와 반바지를 입고 땀을 흘리며 버스로 올라와 내 앞에 섰는데 나는 그의 모습이 너무나 사랑스러웠습니다. 그분이 흘리는 땀방울 하나하나까지 다 아름다웠습니다. 나는 속으로 그분을 아무 이유 없이 축복했습니다.

당시에 나의 의식은 기쁨에 차 있었고 나와 모든 생명과 자연이 어떤 끈 같은 것으로 연결되어 감정을 공유하는 느낌이었습니다. 나는 이 사랑과 기쁨의 실체를 몰랐습니다. 그래서 나는 나를 이끌어 줄 스승을 찾아다녔습니다. 그러나 당시에는 좋은 스승을 만나지 못했습니다. 만났던 몇몇 사람들은 자신의 종교나 단체로 이끌어 주겠다고 말할 뿐이었습니다.

아무도 나의 내적 폭발을 이해하는 사람은 없었습니다.

당시에 나는 예수님과 부처님처럼 세상에 선각자가 되어 이 '기쁜 소식'[1]을 전해야 하나? 깊은 고민에 빠졌습니다. 그러나 임신 중인 아내를 두고 나는 아무것도 할 수가 없었습니다.

그렇게 시간은 흘러 너무나 아쉽게도 나의 '각성'은 막을 내리고 점점 희미해졌습니다. 그리고 거짓말처럼 사랑과 기쁨은 사라졌습니다. 그 찬란한 기쁨이 사라진 자리에는 깊은 슬픔이 몰려왔습니다.

회사에 다니는 평범한 직장인이었던 나는 그 후로 10년간 어둠의 터널을 지났습니다. 일반적으로는 한번 일어날까 말까 하는 불행한 일들이 나에게는 여러 번 찾아왔습니다. 왜 이런 일들이 내게 끊임없이 일어나는지 알 수 없었습니다.

그렇게 시간은 나에게서 점점 사랑과 기쁨을 빼앗아 갔습니다. 나는 점점 내가 사랑이며 기쁨으로부터 온 것을 잊어 갔습니다.

---

1 기쁜소식 : 우리는 찬란한 사랑과 기쁨만 존재하는 곳으로부터 왔습니다. 인간은 창조자인 신(伸)의 분신이며 신적 능력을 가춘 존재입니다. 세상의 모든 것은 연결되어 있습니다. 인간은 체험을 마치면 온 곳으로 돌아갈 것이며 우리는 결코 사라지지 않는 영원 불멸의 존재입니다.

그리고 고통에서 벗어나고자 발버둥 치게 했습니다. 그러나 아무리 발버둥 쳐도 나는 더욱 사망의 음침한 골짜기로 빠져들어 갔습니다.

긴 어둠을 지나며 나는 불면증을 겪고 있었고 잠을 자면 몸은 자고 있는데 정신은 각성이 되어 수많은 생각들에 점령당했습니다. 어쩌다 잠이 들어도 두 시간마다 깨는 날이 반복되었습니다.

그런데 언제부터 인가 핸드폰 시계를 보면 같은 숫자들이 보이는 날이 많았는데 특히 많이 보이는 숫자가 11:11 열 한시 십일 분 이었고 그것은 점차 다양해졌습니다.

처음에는 우연의 일치라고 생각했습니다. 그러나 우연의 일치라고 하기에는 거의 매일 아침저녁으로 같은 숫자를 보게 되었습니다. 그리고 새벽마다 깨어나 비몽사몽인 채로 화장실에 갔다가 시계를 보면 03:33 세시 삼십삼 분을 보게 되는 것이었습니다.

이런 숫자는 며칠 동안 연속해서 보게 되는 경우가 많은데 우연히 보게 된 자동차의 번호판이나 은행의 대기표 번호 등에서 계속해서 보게 되는 것이었습니다.

이것을 인터넷에서 검색해 보니 동시성이라고 부르고 있었습니다. 누군가는 천사의 속삭임이라고 말하기도 하고 누군가는 아무것도 아닌 망상이라고 말하는 이들도 있었습니다.

이것이 우연이 아니라면 무엇일까? 그래서 나는 눈을 감고 오랫동안 사색에 잠기는 시간이 많아졌고 그것은 나를 명상으로 이끌어 주었습니다. 그리고 독서를 해야 한다는 이끌림이 시작되었습니다.

유튜브의 알고리즘도 나를 다시 점점 '깨어남'으로 인도해 주었습니다. 신기하게도 내가 무엇인가 의문을 가지면 그것에 대해 유튜브에서 필요한 영상을 접하여 해결되었습니다.

블로그를 보다가 우연히 발견한 책에 이끌려 여러 분야의 책을 주문하여 읽게 되었는데 책이 도착해서 읽다 보면 평소에 가지고 있던 의문들이 풀리는 일들이 반복되었습니다.

명상 중에 마음에 찌꺼기들을 꺼내서 쓰다듬고 흘려보내는 스킬을 자연스럽게 익히고 점점 마음속에 쌓인 쓰레기들을 하나씩 정리하게 되는 시간이 찾아왔습니다.

여러분도 동시성이 시작되면 내면의 나를 만나 깨어남을 이루는 시간으로 만들어야 합니다. 그것을 계속 붙잡으려고 관심만 갖는다면 주변의 모든 환경은 여러분을 '깨어남'으로 데려다 줄 것입니다.

주변 지인들의 말들, 배우자와의 대화 또는 인터넷 서핑 중 보게 된 광고 등 모든 미디어에서 평소에는 흘려보냈던 것들이 그 이후부터 여러분의 마음에 와닿아 깨어남을 돕게 될 것입니다.

'깨어남' 이란 존재의 본질을 체험하게 되는 것입니다.

존재의 본질은 내가 찬란한 기쁨이자 사랑이라는 것입니다. 내가 그 무엇과도 구분되지 않는 기쁨, 나무의 잎사귀들과 흐르는 물,

공중을 나는 새, 그 어떤 것도 구분되지 않는 사랑과 기쁨 그것이 바로 '초연결'에 이르는 것입니다.

초연결 Hyper-Connectivity 이란, 사람과 사물(공간·생물·정보·비즈니스 등)이 물리·가상공간의 경계 없이 서로 유기적으로 연결되어 소통하고 상호작용하는 만물 인터넷 Internet of Everything 인프라를 뜻하는 인터넷 용어이기도 합니다.

본문에서는 기술적·기계적 연결이 아닌 모든 것의 영적인 연결을 의미하는 용어로 사용하였습니다. 불교에서는 '초연결'을 '불이不二' 또는 '열반涅槃'이라 하며 모든 것의 연결을 이미 수천 년 전부터 전해 내려오고 있습니다.

나는 우리의 영혼이 신의 형상으로 창조되었으며 신과 같은 창조 능력을 선물 받았다는 것을 믿습니다. 수천 년 전부터 깨어난 자들은 많았습니다. 깨어난 자, 깨달은 자는 본질에서 같습니다. 그러나 초월한 자들의 삶은 달랐습니다. 그들은 자신의 선택과 믿음으로 세상의 빛이 되었습니다.

깨어난 자들은 깨어남을 계기로 폭발적 진리를 얻게 됩니다.

어리둥절할 정도의 방대한 진리를 저절로 이해하게 되는데 내적 폭발 이후에는 마음속에 물음이 생기면 얼마 지나지 않아 내면 깊은 곳에서 해답이 밀려 올라오는 경험을 하게 됩니다.

그뿐만 아니라 탐구욕이 늘어나 엄청난 양의 독서에 이끌리게 됩니다. 그리고 독서를 통해 머릿속에서 폭발하듯 늘어난 진리들을 확인하게 됩니다. 특이한 건 평소에 관심이 없던 다양한 분야의 책을 접하게 된다는 것입니다.

저의 경우는 특히 종교 분야와 철학 분야의 책들에 이끌려 많이 읽게 되었습니다. 깨어난 자들의 깨어남의 경로는 다양하겠지만 자신이 깨어났다는 것을 내면 깊은 곳으로부터 느껴 알게 됩니다.

그리고 나의 관점은 점점 전 일류를 위한 것으로 바뀌어 갑니다. 깨어남이 내면에서의 폭발이라면 깨달음은 의식의 각성을 통해 스스로 깨어남으로 이동하게 되는 것입니다.

깨달음의 방법은 수없이 많아 누구의 것이 정답이라 말할 수 없습니다. 따라서 자신이 이끌리는 방법으로 체험하는 것이 정답이라 말하고 싶습니다.

나는 소셜미디어에 깨어남에 관한 글을 쓴 적이 있습니다. 그 글을 읽고 어떤 분께서 내적 폭발을 경험하지 못해 답답하다고 하소연하는 댓글을 달았습니다. 본인은 마음공부를 열심히 하고 책을 많이 읽어서 머리로는 깨어남이 무엇인지 알겠는데 내적 폭발을 체험을 못해 답답하다는 글이었습니다.

나는 그분이 곧 내적 폭발을 체험할 것이라 확신합니다.

깨어남은 내가 깨어남을 깊이 원하고 관심을 갖는 것으로 시작됩니다. 그는 깨어남을 갈망하고 있습니다. 그분의 갈망은 곧 깊은 관심과 명상으로 이어질 것입니다.

명상을 통해 안으로 모인 에너지가 우주 의식과 연결되면 그는 알 수 없는 힘에 이끌리기 시작할 것입니다. 그리고 어느 날 어느 시간에 갑자기 내적 폭발은 그를 찾아올 것입니다.

여러분이 깨어남에 이르면 의식은 점점 '나'에서 시작되어 모든 생명으로 확장되고 전 인류의 평화와 행복으로 관심이 전환될 것입니다. 그리고 나의 경험을 다른 사람들에게도 전해 주변 사람들을 깨우고 이 기쁨을 함께 나누고 싶은 마음이 생길 것입니다.

이런 내적 욕구가 점점 커진다면 당신은 깨어남에 이른 것입니다.

오랜 시간 깨달은 자들과 깨어남에 이른 자들은 자신이 알게 된 진리를 다른 사람들에게도 전하고 싶었습니다. 하지만 그것은 그렇게 쉽지 않았습니다. 당신이 깨어나 기쁨에 가득하여서 사람들에게 다가가 말합니다.

"당신은 사랑으로부터 왔습니다." "당신이 곧 '신神'이요, 예수이며, 부처입니다." 하고 여러분이 누군가에게 전한다면 반응은 둘 중 하나일 것입니다. 사람들은 당신을 미친 사람 취급하거나 당신과의 만남을 꺼리게 될 것입니다.

그가 종교를 가지고 있다면 앞으로 당신과의 관계를 어렵게 생각하게 될 것입니다. 그런데 만약 당신의 진리를 듣고 사람들이 감명받아 추종자들이 생기면 누군가는 그것을 정치적으로 이용하려고 시도할지도 모릅니다.

당신을 추앙하는 세력이 더 커지기 시작하면 당신이 문제를 일으킬까 두려워 당신을 가두거나 죽이려 들지도 모릅니다. 당신을 죽이려 하는 그들에게는 여러 가지 이유가 있고 그것은 그들의 행동을 합리화 시켜 줄 것입니다.

그러나 예수께서는 그것을 알고도 죽음을 초월하였습니다. 자기 죽음을 통해서 우리들이 자신과 같이 하나님의 자녀이며 신의 분신이며 너희도 신이다. 너희도 나와 같다고 말씀하셨습니다. 그러나 우리는 그것을 믿지 못하였습니다. 그러나 그는 죽은 지 3일 만에 죽음에서 부활하여 우리가 신적인 존재임을 증명하였습니다.

그의 희생으로 수많은 사람이 그를 사랑하며 믿고 의지하며 살아가고 있는 것입니다. 예수께서는 수많은 깨어난 자 중에서도 인간이라는 표면적 존재를 뛰어넘어 위대한 초월적 존재가 되었다는 것입니다.

우리는 그를 신으로 추앙하는 것이 아니라 우리도 그가 되어야 합니다. 예수님의 말씀처럼 우리도 하나님의 분신이며 신적 존재라는 것을 알고 깨어나 내 속에서 사랑의 폭발을 이루어야 합니다.

하지만 인간의 육신을 입고, 다른 이들을 깨우는 일은 실제로 너무나 어려운 일 입니다. 아무리 친한 친구나 가족도 당신의 말을 듣고 당신이 아프거나 이상한 사람이 되었다고 생각할 것입니다.

어쩌면 당신이 미쳤다고 정신병원에 가두려는 사람이 있을지도 모릅니다. 종교적 믿음이 큰 사람은 당신을 이단이라며 적대할 것입니다. 당신은 혼자가 되어 외로울 것입니다.

그러다 다시 육신이 원하는 삶으로 조금씩 기울어가고 3차원의 삶을 체험하기 위한 혼의 로드맵을 따라 살게 될 것입니다. 당신의 영적 의식은 망각이라는 청소부의 비질에 조금씩 희미해질 것입니다. 그러나 그때마다 동시성은 다시 시작될 것입니다. 동시성에 의해 당신은 새로운 길을 가게 될 것입니다.

그때 당신은 그것을 붙잡아야 합니다. 그러면 당신에게 창조의 신세계가 펼쳐질 것입니다. 나의 깨어남을 주변에 알리지 마시기 바랍니다. 그러지 않아도 됩니다.

당신은 동시성 안에서 알 수 없는 힘에 이끌려 온 인류를 위해 일하게 될 것입니다. 동시성은 내면의 알람 시계와 같습니다. 여러분이 깨어남을 이루고 난 후 동시성은 여러분이 창조와 깨어남을 알리는 사명에서 멀어지지 않도록 이끌어 주는 것입니다.

깨어남의 체험이 없는 분들이 동시성을 겪으신다면 이것은 이제 깨어남을 붙잡을 좋은 기회가 왔다는 것입니다. 이 시간은 내가 내면의 나를 통해 '태초의 의식'에 조금 더 가까이 다가갈 때가 온 것입니다.

이때 여러분은 조금 더 주변의 이야기에 귀를 기울이고 미디어에 나오는 글들에 시선이 머물게 될 것입니다. 나를 둘러싼 모든 환경을 통해 우주는 나에게 말을 겁니다.

어쩌면 여러분도 나처럼 독서에 이끌려 단기간에 수천페이지의 독서를 하게 될지도 모릅니다. 어떤 현상에 궁금증이 생기면 알 수 없는 알고리즘의 연결을 통해 그것을 설명하는 유튜브 채널을 만나게 될 것입니다.

명상 중에 질문이 떠오르면 내면에서 어떤 노래가 피어올라 질문에 대한 응답을 받기도 할 것입니다. 나는 실제로 노래로 많은 치유와 위안을 받았습니다. 이 이야기는 뒤에 조금 더하도록 하겠습니다.

이렇게 나는 40일간의 영적 각성의 체험과 한 번의 깨어남으로 내가 원하는 창조적인 삶의 여정을 살아가고 있습니다.

> 'Love lift us up where we belong'
> 사랑은 우리를 가야 할 곳으로 이끌어 줍니다.
> 〈영화 '사관과 신사'(1982)의 OST - Up where we belong 중 하이라이트〉

우리가 원하여 이루려는 것들이 사랑 안에 있다면 우리가 사는 지구는 한 차원 높은 세상으로 나아갈 것입니다.

깨어남의 증거

10여년 전 한 포털 사이트에서 나는 우연히 '하이데거 그의 물음을 묻는다 Sein'이라는 책을 보았습니다. 나는 충동적으로 그 책을 주문하게 되었습니다. 나는 아마도 'Sein 존재'라는 단어에 이끌렸던 것 같습니다.

그 이전에 나는 철학서뿐만 아니라 책 자체를 가까이하는 사람이 아니었습니다. 평소에 업무와 관련된 매뉴얼을 읽거나 새로운 컴퓨터 소프트웨어를 학습하기 위한 것 이외에 나는 책을 읽는 것을 아주 싫어했습니다.

그 대신 술과 고기를 즐기고 사교모임을 아주 좋아했습니다. 사람들과 어울려 함께 술을 마시고 노래를 부르며 시간을 보내는 것이 업무와 일상에 지친 삶에서 유일한 즐거움이었습니다.

며칠 후 주문한 책이 도착했는데 양장본의 벽돌처럼 두꺼운 책이었습니다. 회사에서 퇴근하여 조용히 책을 열었습니다. 그러나 나는 이 책을 다섯 페이지도 넘기지 못하고 덮었던 기억이 납니다. 도저히 나의 지식으로는 이 말들을 이해할 수 없었기 때문입니다.

독일의 위대한 철학자이자 형이상학자인 마르틴 하이데거의 '존재와 시간'(독일어 Sein und Zeit : 1927)이 독일에서 처음 출간되었을 때 이 책을 읽은 사람들은 "독일어로 된 '존재와 시간'은 도대체 언제쯤 나옵니까?"라는 말을 했었다고 합니다.

이 책이 얼마나 어려웠으면 독일인들마저 저런 말을 했을까?

당시에 나는 이 책은 나만 어려워하는 것이 아니어서 다행이라고 여기며 비싼 책값을 아까워했습니다. 그리고 그 책은 책장 한편에 먼지만 수북이 쌓인 채 기억에서 멀어졌습니다.

나는 동시성이 다시 시작되고 독서에 이끌려 몰입하던 중 내 머릿속에 불현듯 이 책의 존재가 떠올랐습니다. 10년이 넘도록 책장에 전시되어 있던 책을 찾아 먼지를 털어내고 물티슈로 인쇄된 겉표지를 깨끗이 닦아냈습니다. 그리고 나는 책을 펼치고 단숨에 100여 페이지를 읽어 나갔습니다.

그때 나는 그 순간이 너무도 신기하기도 하고 어리둥절했습니다. 그뿐만 아니라 나는 읽고 있는 내용에 대해 내가 이해한 것들을 메모하고 해석하기도 하였습니다. 정말 신기한 경험이었습니다.

처음 이 책을 읽을 때는 정말 이게 우리나라 말인가? 의심이 들 정도로 문장들이 어렵고 난해하였습니다.

존재자, 현존재, 존재, 도구적 존재자의 존재, 사물적 존재자의 존재 그리고 존재와 시간 등. 내가 산 책은 하이데거의 '존재와 시간'을 좀 더 쉽게 설명하고자 펴낸 해설서 임에도 불구하고 당시에 나는 책을 읽으면 읽을수록 공부해야 할 것들이 많아져 그것이 더 신기하였습니다.

예를 들면 이런 부분입니다. 그는 "존재는 항상 어떤 존재자의 존재이다"라고 말한다. 그러나 동시에 그는 '존재는 존재자의 한 유(類: 무리)가 아니'고 '존재는 존재자로서 개념적으로 파악될 수 없'으며, '존재는 존재자라 고 하는 그러한 것은 아니다 단언한다. '존재는 모든 존재자를 초월' 한다. '존재는 초월 그 자체다'.[1]

위의 내용을 읽고 여러분 중에도 내가 느꼈던 어려움에 공감하는 분이 많을 것이라 생각합니다. 처음에는 읽는 것 자체가 어려워 몇 번씩 같은 부분을 다시 읽어 보았는데도 그 의미를 해석하기는 힘들어 포기했었습니다.

그런데 그때는 어떻게 이 책을 이렇게 단숨에 읽고 이해하는 것인지 알 수 없었습니다. 그러나 이것은 너무나 신기하고 멋진 경험임

---

1 하이데거 그의 물음들을 묻는다. 이수정 〈생각의나무 2010.7.21〉 p94~99

은 분명하였습니다.

여러분도 뒤에서 설명할 삼중 존재인 인간을 이해한다면 위의 내용을 어느 정도 이해하게 될 것입니다. 그리고 당신이 '깨어남'을 원한다면 알 수 없는 힘에 이끌려 여러 가지의 신기하고 아름다운 경험을 할 것입니다.

영적 이끌림은 동시성으로 처음 우리에게 나타납니다. 동시성은 우리를 내면으로 이끄는 초대장입니다. 나는 이때 영적인 힘에 이끌려 내 주변의 모든 미디어와 주변인들의 목소리에 의해 훈련되었습니다.

내가 균형을 가지고 살아가도록 동시성은 응원의 메시지를 보냅니다. 그러나 영적인 균형을 잃었을 때는 알람처럼 작동할 것입니다. 이것은 깨어난 사람들이 겪는 축복입니다. 동시성이 나타나면 주변의 모든 것에 귀 기울여야 합니다.

만약 어떤 유튜브의 채널이 계속 반복해서 보이면 내용을 시청해 보시기 바랍니다. 그러면 그 영상에는 당신이 알아야 할 영적 메시지가 들어 있을 것입니다. 그리고 그 영상은 당신의 답답한 상황을 인도해 마음의 안식과 필요한 지혜를 줄 것입니다.

어떤 사람들은 자신의 독서를 기록하기 위해 내용 중에 감동적이었거나 좋아하는 부분에 밑줄을 그려 그 사진을 페이스북에 올립니다.

평소에는 바로 스킵을 했을 책 사진에도 당신의 시선은 머물게 될 것입니다. 그리고 평소와 다르게 그것을 읽게 될 것입니다. 그 글을 읽어보면 당신이 가지고 있던 문제에 대한 시원한 해답이 있거나 영적인 지혜가 담겨 있을 것입니다.

'깨어남'이 시작되면 여러분은 자기 자신을 더 깊이 이해하고 더 많이 사랑하게 될 것입니다. 자신을 사랑하는 것이 곧 우리 모두를 사랑하게 되는 것이라는 것 또한 곧 알게 될 것입니다.

이 밖에도 많은 깨어남의 증거들이 일상에서 체험될 것입니다. 나의 경험들은 이후에 나오는 내용들과 함께 더 자세히 말씀드리도록 하겠습니다. '태초의 의식'은 이렇게 세상의 모든 미디어와 주변 환경을 활용하여 나에게 힌트를 줍니다.

"깨어나 너의 길을 가라!"

우주의 모든 것에는 우연이 없습니다. 알 수 없는 힘에 이끌릴 때 우리는 기적을 체험합니다. 지금 당신이 무엇인가에 이끌려 이 책을 읽고 있다는 것은 바로 당신이 이미 깨어나 이끌리는 과정에 있거나 이제 서서히 깨어나고 있다는 증거이기도 합니다.

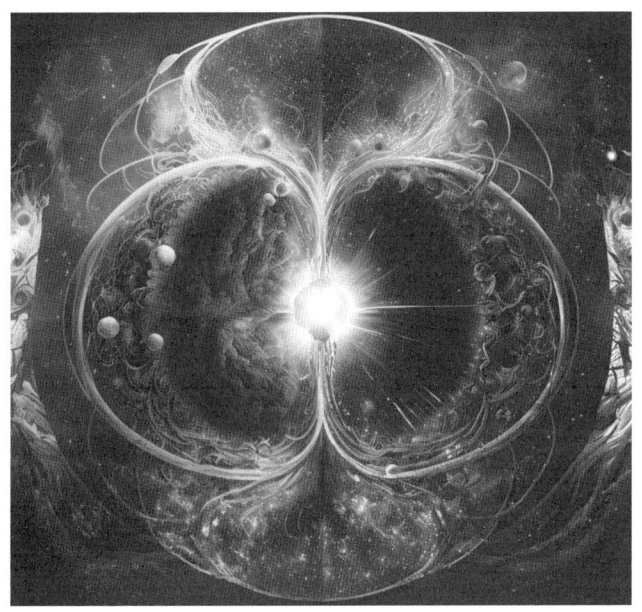

@ Ilugram

우주에 숨겨진 당신의 비밀

이제 여러분은 신과 우주시스템에 관해 알아야합니다.

우주는 일종의 거대한 'System 체계'입니다. 우주 시스템의 모든 것은 하나로 연결되어 있습니다. 3차원에서 구분을 겪는 것은 영적 데이터를 3차원적 물질 체험으로 느끼게 하기 위해 만든 일종의 망각 패치입니다.

'태초의 의식'[1] (신神 : 우주 의식 : 시스템)은 먼저 응축된 에너지였습니다. 우리가 상상할 수 없는 높은 차원의 진리로 가득한 에너지는 폭발적 팽창을 통해 진동을 낮춰 데이터를 시각화하였습니다.

---

1 구분을 만든 후의 신(伸)의 존재를, 시각화 이전 에너지 상태의 신(神)과 구별하기 위해 만든 단어입니다.

이것이 우리가 살고있는 3차원의 우주입니다.

모든 가능성의 창조는 이때 이미 시작부터 끝까지 기록되었습니다. 그럼 여러분은 의문을 가지실 겁니다. 그럼 인간은 모두 정해진 시나리오대로 일생을 사는 유기적 로봇에 불과한가?! 그것은 그렇기도 하고 아니기도 합니다.

오래전부터 형이상학에서는 '다중우주 Multiverse'에 대한 언급이 있어왔습니다. 여러분이 어떠한 선택을 하든 모든 창조의 경우의 수는 셀 수 없이 많은 경로가 존재하며, 그것은 '태초의 의식'인 '신神'이 이미 모든 것을 기록해놓았습니다.

예를 들어 그 진리의 데이터는 우리가 어떤 선택을 하고 그 선택을 1초에 한 번씩 바꿔도 그 모든 과정과 결과 보다도 더 많은 경우의 수를 가지고 있으며 이 데이터들은 이미 시작부터 끝까지 존재합니다.

이것이 '태초의 의식'이며 시스템이고 '나'이고 '우리'인 '신神'의 클래스입니다. 그러나 우주의 시스템은 기존에 없던 완전히 새로운 창조를 기뻐합니다. 시스템에 기록된 태초의 창조를 능가하는 새로운 창조가 나타나면 그것은 전 우주적 사건이 되는 것입니다.

그런 존재가 되는 것이 바로 영적 존재를 각성하고 깨어나는 것입니다. 태초의 존재는 시작과 끝의 '상위 차원' 데이터를 가지고 차원(진동)을 낮춰 물질세계에서 구현(검증)하고자 했습니다.

'태초의 의식'의 분신인 '영'이 물질세계라는 망각의 공간에서 체험을

통해 데이터를 검증합니다. 차원(진동)을 낮춰 물질세계에서 구현
(검증)하고자 한 이유는 3차원적 검증이 끝나면 비로소 모든 데이
터는 무결성의 완벽함을 가진 사랑으로 완성되기 때문입니다.
이것이 성경에서 말하는 성부와 성자와 성신의 완성인 것입니다.

성부(부모) + 성자(자녀)^{분신} = 성신(완벽한 신)

태초의 아이디어(데이터) + 체험 여행(실행) = 검증된 데이터

영적 차원에서는 구분이 존재하지 않습니다. 그래서 사랑에서 출발한 데이터가 많은 경로의 구분을 거치고 최종적으로 다시 사랑으로 합쳐지는 경우의 수는 셀 수없이 많은 상태의 데이터로 존재합니다.

하지만 그 데이터에 '구분'이라는 변수를 넣으면 그 결과는 어떻게 될까요? 완벽한 사랑의 검증을 위해서는 차원(진동)을 낮춰 시각화 하고 (물질세계) 존재의 분신을 만들어 체험이라는 데이터를 더해 완벽한 '있음'(존재)을 이루는 것입니다.

성경에서 신은 '성부'로 쓰여 있지만 신의 성별은 존재하지 않습니다. 그것 또한 구분일 뿐입니다. 성자(자녀)는 '구분' 안에서 '체험'을 하고 완벽한 창조를 위해 일하게 되는 것입니다.

이것은 순수한 영들의 아름다운 도전이며 각광받는 즐거운 여행입니다. 따라서 인간에 깃든 영은 '태초의 의식'과 동업하여 완벽한

창조를 이루는 존재이며 '신(神)'적 존재입니다.

여러분은 이러한 사실을 알아야 합니다.

내 안에 잠자고 있는 존재가 얼마나 거대한 것인지 인지하고 깨어나 그것을 사용할 때 믿음의 에너지는 폭발하여 내적 평화와 자유를 누리고 비로소 영적 창조의 힘을 사용할 수 있게 됩니다.

내가 누구인지 나는 어디서 왔는지 나는 어디로 가는지 알아야 '깨어남'이 있습니다. 깨어남이 있어야 창조의 힘을 사용할 수 있으며 내가 진정으로 원하는 삶과 기쁨을 체험하게 됩니다.

그것은 '태초의 의식'이 가장 기뻐하는 전 우주적 사건이며 초인 클럽의 입장권 입니다.

이제 여러분은 내가 어떤 존재인지 알게 되었습니다. 진정 나의 '영'이 그리고 그것을 알고 깨어나는 내가 '신(神)'적인 존재라는 것을 깨달아야 믿음은 흔들리지 않습니다.

"너 자신을 알라"[2]

(그노티 세아우톤 $\gnõ\theta\iota\ \sigma\varepsilon\alpha\upsilon\tau\acute{o}\nu$)

고대 그리스의 유명한 격언으로, 그리스의 여행 작가인
'파우사니아스'는 델포이의 아폴론 신전 프로나오스에
이 글이 새겨져 있었다고 전했습니다.

---

2 "너 자신을 알라" - 위키백과 wikipedia.org

믿음의 반석 위에서 본 'Ssal'의 계획은 신의 완전히 새로운 설계도이며 원하는 현실로 우리를 데려다 놓을 것입니다. 창조는 이러한 진리를 배경으로 발휘됩니다.

이 거대한 유산을 알고 당신과 연결된 영적인 힘을 사용하여 원하는 삶을 창조해 나가야 합니다. 이것은 당신의 삶을 매일 기쁨이 넘치는 생활로 만들 것입니다.

이제 이 사실을 받아들였다면 신이 사명을 가지고 인간의 몸에 깃드는 과정을 알아보겠습니다. 그 과정을 알기 위해서는 '영, 육, 혼' 삼중 존재로 이루어진 인간에 대해 먼저 알아야 합니다.

'영, 육, 혼' 삼중의 존재 인간

우리는 사라지지 않는 영원불멸의 존재입니다. 우리뿐 아니라 이 세상의 모든 것은 모습을 바꿔 이동하는 것일 뿐 사라지거나 소멸하지 않습니다. 우리가 모두 잘 아는바와 같이 물이 얼어 고체의 얼음이었다가 녹으면 다시 액체의 상태를 지니고 증발하여 기체가 되는 것처럼 이 세상의 모든 것은 사라지지 않습니다.

역할을 다한 물질은 다 흩어져 다시 재료로 돌아갑니다. 그리고 이 세상의 모든 재료는 우주로부터 공급받습니다. 그러므로 '태초의 의식도' 분신인 '영'도 영원히 사라지지 않습니다.

영은 '태초의 의식'과 하나의 의식입니다.

3차원의 물질 체험을 위해 분리된 영은 우주시스템의 성스러운 공간에 머물면서 8차원 이상의 존재로부터 가이드를 받아 여러 가지의 체험 주제와 경로를 검토합니다.

지난 체험이 있었다면 아쉬웠던 부분을 고려하여 다음 체험의 경로를 선택하게 되는 것입니다. 체험할 국가와 인종 그리고 부모님 등의 여러 상황을 고려하여 다음 체험을 선택하게 됩니다.

창조적 체험을 위해서 반드시 경험해야 하는 큰 기점들이 있는데 이것을 '로드맵 road map'[3] 이라고 합니다. 로드맵을 완성하기 위해 전문가 멘토들과 함께 필요한 학습합니다.

이렇게 준비된 로드맵을 '혼'이라고 합니다. 우리는 영적 차원에서 결정한 삶을 단 한 번의 파업도 없이 매일매일 열심히 살아갑니다. 왜 이렇게 열심히 살아가는지 모르지만 '혼신魂神'[4]의 힘을 다하며 살아갑니다.

무언가에 집착하는 친구에게 묻습니다.
"이게 뭐라고 그렇게까지 열심히 해?"
그럼 친구가 대답합니다. "내 마음이야!"
그렇습니다. 그것이 바로 '혼魂'과 연결된 마음 입니다.

당신이 보기에는 별것 아닌데 친구가 그렇게 집착하는 이유는 바로

---

3 로드맵 Road map : 로드맵이란 목표를 달성하기 위해 반드시 거쳐야 하는 과정으로 경영학 용어입니다. 책에서는 영이 체험적 과제를 부여받는 행위를 표현하기 위해 활용되었습니다.

4 혼신(魂神) : 영혼과 정신을 아울러 이르는 말. 죽은 사람의 넋 - 한국어사전

친구의 영혼이 이번 생에서 그것을 체험하기 위해 로드맵에 담았기 때문입니다. 그것도 모자라 요즘에는 '영혼을 갈아 넣는다.'라고 표현하기도 합니다.

우리는 우리가 선택한 큰 틀의 삶을 살아가면서 완성된 창조를 이룹니다. 그러나 인간의 일생에 정해진 길은 없습니다. 무엇이든 다시 선택할 수 있으며 '태초의 의식'은 분리된 영들이 더 큰 창조의 에너지를 사용하여 체험하길 바랍니다.

그러나 우리 인간은 점점 우리 안에 '태초의 의식'과 멀어져 갔습니다. 우리는 깨어나 내 안에 잠자는 무한의 에너지인 '태초의 의식'과 다시 연결되어야 합니다.

우리 지구는 눈부신 발전을 이뤄왔고 과학은 이제 태초의 우주 관측을 앞두고 있습니다. 그러나 다른 차원의 영혼들이 생각할 때 지구는 아주 의식이 낮은 어린 행성입니다.

그래서 당연히 지구와 같이 의식(진동)이 낮은 행성에서는 그들이 보이지 않습니다. 그래서 '태초의 의식'인 '신神'과 높은 차원의 존재들은 우리가 깨어나 의식의 에너지를 높이길 바랍니다.

지구의 모든 인류가 더 큰 영적인 힘을 되찾음으로써 구분됨에서도 사랑을 증폭시키고 지구 전체의 '차원 상승'을 이루기를 기다리고 있습니다. 우리는 이제 스스로 깨어나기를 원하고 모두를 함께 깨워 우리의 삶 안에서 더 높은 사랑과 기쁨의 상태를 이루어야 합니다.

그러면 우리는 비싼 돈을 들여 외계의 존재를 찾을 필요가 없습니다. 전 세계가 서로 돕고 하나가 되어 사랑하고 서로 대립하지 않는다면 지구는 더욱 진화된 사회를 이룰 것입니다.

그러면 우리의 의식은 진동을 높여 이상적인 지구 의식을 만들어내고 살아있는 지구 또한 본래의 모습으로 돌아갈 것입니다. 태초의 지구는 전체의 대륙이 하나로 이루어진 '판게아'였으며 대기에는 보호막이 형성되어 태양으로부터 오는 유해 광선과 해성들의 충돌에서 보호되었습니다.

보호막 중에는 얼음층이 있었는데 얼음층은 지구 내부의 온도와 습도를 유지하여 동식물에 천국과 같은 생육조건을 만들어 지금보다 훨씬 다양하고 큰 열매의 식물이 존재했다고 합니다. 당시 인간은 동물 먹지 않았으며 식물만으로 충분한 영양분의 섭취가 가능했습니다.

지구가 의식의 차원 상승을 이루면 우리는 모두 5차원 이상의 의식 세계를 조금씩 알아가게 될 것입니다. 우리가 이룬 높은 차원의 의식은 이미 우리 곁에서 항상 우리를 지켜보던 다른 차원의 존재들을 볼 수 있게 해줄 것입니다. 그리고 우리는 그들과 함께 더 높은 차원의 우주 의식을 가지며 발전해 나아갈 것입니다.

영혼과 뇌의 연결

앞서 여러분께서는 '태초의 의식'과 영혼 그리고 삼중 존재의 인간을 이해하셨을 것입니다. 이제 영혼과 뇌의 연결을 알아보겠습니다.

아기가 잉태되어 어머니 배 속에 있을 때는 아직 영혼이 아기에게 깃들지 않은 상태입니다. 영혼은 아기가 태어나서 3살~5살 사이에 깃들게 됩니다. 그 후 영혼은 인간의 뇌와 연결을 합니다.

인간의 뇌는 동물의 뇌, 마음의 뇌, 창조의 뇌로 구분되어 작용하게 됩 니다. '동물의 뇌'는 육체를 컨트롤하는 뇌로서 조상으로부터 대대로 물려받은 경험적 데이터를 가지고 번식과 안정을 추구합니다.

그러나 창조의 뇌와 마음의 뇌와는 상충하여 도전 의지를 방해하거나 행동의 '안주(安住)[1]'를 일으키기도 합니다.

---

1 안주(安住) : 현재의 상황이나 처지에 만족하는 것을 말합니다. 예)현실에 안주하다.

'마음의 뇌'는 '혼'과 연결되어 영적 차원에서 내가 행하고자 했던 창조의 '로드맵'을 따라 움직입니다. 온갖 고난과 역경을 체험하고자 하는 도전정신이 바로 이곳에서 나옵니다.

그러나 매 순간 모든 '퀘스트'[2]를 다 완료할 수 없을 수 있으며 선택에 따라 새로운 퀘스트의 도전이 가능합니다.

'창조의 뇌'는 끊임없는 아이디어를 제공하고 도전에 대한 욕망을 불러일으킵니다. 그리고 '마음의 뇌'는 그것을 할 수 있도록 용기와 의지를 제공합니다.

이때 '동물의 뇌'는 생존을 위해 안전한 현실에 머물도록 도전 의지를 방해합니다. 그러나 인간이 다른 동물들과 달리 지구를 지배하며 진화를 이룰 수 있었던 이유는 '창조의 뇌'와 연결된 '영'이 창조 활동을 이루도록 이끌었기 때문입니다.

퀘스트의 예를 하나 들어보겠습니다.

오늘을 살아가는 평범한 사람이 있습니다. 그는 오랜만에 사랑하는 연인과 친구들과 함께 강가로 놀러 나와 수영도 하고 맛있는 음식을 먹으며 휴가를 즐기고 있었습니다.

그런데 저 멀리서 어린아이들이 물에 빠져서 허우적대고 있습니다. 그는 순간적으로 일어나 물에 빠져 허우적대는 두 아이를 구했습니다. 그러나 그는 세 번째 아이를 구하기 전에 힘이 빠져 아이와

---

2 퀘스트(Quest) : 롤플레잉 게임에서 주인공이 NPC로부터 하달 받는 일종의 임무를 뜻한다.

함께 실종되었고 그는 다시 돌아오지 못했습니다.

다행히도 세 번째 아이는 떠내려가던 중 다른 사람들에게 발견되어 강 하류에서 구조되었습니다.

응급실에 실려 온 그의 육체에 의사가 제세동기를 문질러 쇼크를 줍니다. 그러나 그는 더 이상 돌아오지 않습니다. 그런데 그때 그의 영혼은 육신과 분리되어 곁에서 이 상황을 지켜보게 되었습니다.

영혼은 갑작스러운 퀘스트의 종료로 어리둥절하지만 이내 자신의 삶이 끝났다는 것을 알게 됩니다. 그것이 우리가 영화의 소재로 많이 접하게 되는 영혼의 모습입니다.

체험을 마치고 영혼은 자신의 일생이 마치 파노라마 같이 펼쳐지고 주변으로부터 받은 사랑에 대해 기억하게 됩니다. 그리고 차원을 이어주는 빛의 통로가 열리고 영혼은 다시 사랑과 기쁨의 차원으로 돌아가게 되는 것입니다.

그런데 그는 '로드맵'에 없던 자기희생으로 영은 빛의 통로를 따라 돌아가고 혼은 잠시 남아 못다 한 삶을 정리하는 시간을 갖게 됩니다. 이러한 일시적 상태를 우리는 흔히 귀신이라 부릅니다.

우리는 현실에서 그런 혼의 모습을 볼 수는 없지만 그것을 보려면 우리의 의식이 혼의 상태와 비슷한 진동의 주파수가 되어야 합니다. 그러나 그것은 일반적으로는 거의 불가능 합니다.

육신이 극심한 피로를 겪거나 병증이 심하여 육체와 영혼의 진동이 흐트러졌을 때 또는 깊은 명상 중에 일시적으로 혼을 보는 상태가 될 수 있는데 그때에도 그냥 관심을 갖지 않고 무시하면 그것들은 나에게 반응하지 않습니다.

혼은 그렇게 지구의 삶에서 끝내지 못한 관계들과 목표들을 돌아본 뒤 아쉬워하며 다시 기쁨의 세계로 돌아가 신성한 창조의 데이터가 됩니다.

영혼은 우주의 작동 원리와 같은 에너지로 디자인되었습니다. 우리의 의식이 8차원 이상으로 진화하여 시공간을 초월하는 시대가 된다면 우리는 '신(神)'의 모습을 보게 될 것입니다.

그러나 인간은 아직 과학적 진화와 영적 진화를 위한 의식적 '깨어남'이 매우 부족합니다. 수 세기 동안 선각자들이 나타나 영적 진화에 힘쓰고 있지만 아직 미미한 단계에 머물고 있습니다.

인간은 체험을 위해 구분이라는 틀이 '동물적 뇌'에 의해 가로막혀 있기 때문입니다. 그것은 신성한 구분이지만 영적인 각성과 성숙을 통해 뛰어넘어야 할 물질세계의 과제이기도 합니다.

인간의 세포에는 생존을 위한 수천 년 동안의 경험적 데이터를 축적하여 대대로 전해졌습니다. 그것은 의식적으로 알기는 어렵습니다. 망각이라는 작용은 그것을 의식적으로 사용할 수 없도록 막는 역할을 합니다.

만약 수천 년의 데이터를 조상으로부터 물려받아 모두 기억해야 한다면 우리는 마블의 영화 이터널스의 '테나'와 같이 오래된 기억의 축적으로 인한 '마흐드와이리 Mahd Wyryi'를 얻게 될지도 모릅니다.

영화에서 이 병은 오랜 기간 축적된 기억의 정보로 일종의 치매가 생기는 것으로 설정되었습니다. 실제 인간에게도 축적된 기억들은 각종 질병을 유발하거나 비만을 일으키기도 합니다.

부모로부터 자주 듣거나 보았던 것이 내 삶에 큰 영향을 주어 부모의 삶이 나에게 대물림 되는 경우도 많습니다. 부모나 조상으로부터 물려받은 행동이나 말이 트라우마가 되어 더 창조적인 인간으로 발전하 지 못하게 되는 것입니다.

특히 청소년기에 부모의 가식적인 말과 모순된 행동은 반항심이 됩니다. 그래서 나는 부모와 같은 삶은 절대 살지 않겠다고 결심하게 됩니다. 하지만 어느새 중년이 되어 되돌아보면 내가 부모와 비슷한 삶 을 살고 그들이 했던 가식적인 말과 모순된 행동을 하고 있는 것에 놀라는 경우가 많습니다.

그러나 창조적 뇌를 사용하여 의식적 한계를 줄여 나가면 육체 또한 그것을 받아들이고 더 발전하게 됩니다. 육체와 정신은 사용 하면 사용할수록 더 발전한다는 말을 여러분은 많이 들어 보셨을 것입니다.

군대에서 사고로 척추를 다쳐 하반신이 마비된 남자가 있습니다.

그는 요가를 시작하게 되었고 수없이 넘어지지만 포기하지 않았습니다. 그는 결국 설 수 있게 되었고 걷기뿐만 아니라 달리기까지 하는 영상을 여러분은 본 적이 있을 것입니다.

의사들은 그의 가족들에게 그가 평생 목발을 짚어야 할 것이라며 희망 없는 소식을 전했습니다. 그러나 그는 자신이 다시 걸을 수 있다고 믿었습니다. 그리고 그는 꾸준한 요가와 명상으로 자신을 다시 일으켜 세웠습니다.

영혼이 없어도 인간은 번식을 하고 축적된 노하우로 살아갈 수 있습니다. 그러나 영혼의 연결이 없었다면 인간은 아직도 유인원과 같은 생활에서 벗어날 수 없었을 것입니다.

지구의 동식물이 번식하여 번성하는 것을 보면 영적 연결 없이도 인간의 생존은 가능하다는 것을 알 수 있습니다.

오스트리아의 정신 분석학의 창시자이자 심리학자인 '지크문트 프로이트 Sigismund Schlomo Freud'는 정신을 크게 의식과 무의식의 영역으로 구분하였습니다. 그리고 그 중간에는 '전의식'이 있는데 전의식은 의식과 무의식의 가운데에 존재할 수 있는 기억이나 감정 등이 의식과 무의식 사이를 넘나들 수 있도록 다리 역할을 한다고 하였습니다.

프로이트는 정신의 영역 중 '무의식'을 가장 중요하게 생각하였습니다. 무의식은 자각이 없는 상태로 본능과 감정, 충동이 저장된 창고와 같으며 자신이 의식할 수 없는 두뇌의 활동을 말합니다.

무의식은 의식적인 활동과 충돌하여 모순과 갈등이 발생할 수 있으며 본능에 의한 충동적인 작용이 자동으로 일어날 수 있는 심리적, 정신적 두뇌 작용입니다.

깨어남의 관점에서 '영'이 인간의 신체에 깃들어 전체의식인 '태초의 의식'과 연결되는 곳이 바로 무의식입니다. 그리고 무의식과 태초의 의식 사이를 연결하는 통로를 '내면'이라고 합니다.

무의식의 공간에서는 반복되는 정보들을 빠르고 효율적으로 처리하기 위해 저장된 정보와 명령이 자동으로 처리됩니다. 그래서 가끔은 이전의 행동이 의식 없이 처리될 때가 있습니다.

예를 들어 운전하며 출근을 하던 중에 다급한 전화가 왔습니다. 어쩔 수 없이 통화를 하며 출근하게 되었는데 사무실에 도착해보니 일주일 전까지 사용했던 빌딩의 주차장인 것입니다.

지난주에 사무실을 이사하여 새로운 사무실로 출근한 지 벌써 일주일이나 지났는데 아직 무의식에는 이전의 정보가 남아있어 수정된 정보를 자각하지 못하고 이전의 정보에 의해 행동이 자동으로 출력되었던 것입니다.

무의식에는 강렬한 체험의 기억이나 방어적 행동이 저장되어 발현되기도 하는데 이것이 바로 정신적 상처인 '트라우마'입니다. 트라우마는 창조적인 삶을 위해서 반드시 비우고 치유해야 할 부분입니다.

트라우마는 감정의 조절을 실패하게 하여 창조의 삶을 방해하고 내 주변의 관계를 악화시킵니다. 트라우마를 청소하고 창조를 위한 기쁨과 감사로 채워가는 방법은 뒤에서 더 자세히 알아보도록 하겠습니다.

앞서 우리는 영혼과 뇌가 연결되어 작용하는 원리를 알아 보았습니다. 우리는 이제 이것을 활용하여 창조 활동을 시작할 것입니다.

여기까지 우리는 신과 인간의 존재 그리고 영, 육, 혼의 삼중 인간과 뇌의 연결에 대해 알아보았습니다.

짧지만 여러분은 이제 '나'라는 '존재'에 대해 알게 되었습니다. 지금부터 여러분은 믿음의 에너지를 증폭시켜 창조의 최대의 적인 부정적인 생각을 나의 편으로 만들고 나를 따르게 할 것입니다.

여러분은 그동안 아무리 상상을 현실로 만들려고 해도 잘되지 않던 한계적 존재였습니다. 그러나 이제 나의 존재를 믿기만 하면 원하는 것에 집중하여 한계를 최소화하는 영적 존재가 될 것입니다.

나아가 여러분은 창조적 선각자가 되어 선한 영향력을 펼치게 될 것입니다. 우리의 아름다운 지구는 당신으로 인해 다시 회복할 것이며 인간이 만든 구분은 점점 사라지게 될 것입니다.

우리가 체험을 위해 오랫동안 그 의미를 훼손한 구분을 우리는 의식의 힘으로 넘어서야 합니다. 천국과 지옥, 선과 악, 여자와 남자, 인종과 국가, 사회 계급과 빈부 등을 과감히 넘어 영적인 진화를 이룰 것입니다.

그리고 전 세계는 하나의 국가가 되어 대량 살상 무기를 과감히 줄여나가야 합니다. 지구 연합이 청정한 무한에너지를 개발하여 온 지구 가족과 함께 나눌 수 있다면 더 이상 지구상에는 기아로 죽는 어린아이들이 없을 것입니다.

청정에너지로 환경이 회복되면 살아있는 지구는 스스로 정화되어 더 진보된 환경을 우리에게 제공할 것입니다.

여러분이 이제 깨어날 준비가 되셨다면 내면과 연결된 우주를 향해 요청하시기 바랍니다. 그럼 머지않아 알 수 없는 힘이 여러분을 이끌어 깨어남에 이르게 할 것입니다.

창조의 신세계는 당신을 기다리고 있습니다.

@ Ilugram

마귀야 나를 따르라

누군가가 나에게 "당신의 삶에서 가장 이기기 힘든 상대가 누구입니까?" 하고 묻는다면 나는 '부정적인 생각'이라고 말하고 싶습니다.

부정적 생각은 나에게 가장 큰 적이자 마귀이고, 뱀이며, 음침한 사망의 골짜기로 끌고 들어가려는 사탄이기 때문입니다.

우리는 부정적인 생각을 항상 경계해야 합니다. 그러나 '깨어있음'의 상태에 계속 머무를 수 있으면 부정적인 생각이 일어날 때 이것을 곧 바로 알아차릴 수 있게 됩니다.

그러나 '깨어남' 이전의 삶에서는 부정적인 생각에 계속 휘둘리게 되어 원치 않는 걱정과 불안에 시달리고 걱정했던 결과가 현실이 되어 나타나게 됩니다.

하지만 '범인(凡人)[1]'들은 왜? 자신에게 이런 상황이 나타나는지 자각하지 못하고 생각이 만든 파도에 휩쓸려 원하지 않는 결과를 자주 겪어야만 합니다.

모든 생각은 내 안에서 일어나지만 나와는 별도의 생명력을 가진 독립 된 개체입니다. 무너져 내린 둑에서 물이 쏟아지듯 생각은 끊임없이 쏟아져 나옵니다.

내가 아무리 멈추려 해도 생각은 절대 멈출 수 없습니다.

그러나 생각은 인간에게 불완전의 자유를 갖도록 해주는 신의 선물이 기도 합니다. 생각이 있기에 인간에게는 자유가 있는 것입니다. 우리가 경계해야 할 것은 부정적인 생각입니다.

여러분 중 부정적인 생각이 많은 분은 특히 마음의 상처를 위한 내적 치유와 부정적인 마음 해소에 관한 명상을 가까이하여 생각이 나의 깨어남을 따르도록 훈련해야 합니다. 이제 생각의 본질과 창조에 대한 이해가 생기셨다면 다음은 자신이 원하는 것을 얻기 위한 'Ssal'의 구체적인 방법을 말씀드리겠습니다.

내가 이미 경험한 행동들은 Ssal로 그리는 것이 훨씬 수월합니다. 그러나 Ssal을 시도하는 초기에는 가본 적이 없는 곳을 상상하거나 처음 시도하는 행동은 상상으로 그리기 쉽지 않습니다.

그래서 Ssal의 초기에는 적극적인 자세로 원하는 것들의 체험을 위

---

[1] 범인(凡人) : 평범(平凡)한 사람 또는 일반인, 영적인 세계를 모르는 사람들을 칭합니다.

한 준비가 필요합니다.

만약 여러분이 갖고 싶은 자동차가 있다면 원하는 모델이 있는 매장에 가서 직접 차를 구경해보고 타 볼 수 있습니다. 그런다고 해서 그 차를 지금 당장 사야 하는 것은 아닙니다. 꼭 갖고 싶은 물건이 있다면 백화점이나 매장에 가서 그 제품의 디자인을 직접 확인하고 만져보거나 착용해 보는 것도 좋을 것입니다.

그것을 나와 연관 지어 'Ssal'을 그릴 수 있도록 적극적으로 준비 과정을 갖는 것은 매우 좋습니다. 시작 전 인터넷 검색을 통해 원하는 정보를 파악하는 것도 큰 도움이 됩니다.

예를 들어 내가 여행을 원한다면 여행하고자 하는 장소의 기후 정보라든지 내가 갖고자 하는 상품이 있다면 그것의 재질이라든지 또는 냄새 등의 정보를 얻고 Ssal에 몰입하면 원하는 장면을 그리기가 훨씬 수월해집니다.

앞에서는 잠자리에 들기 직전에 하는 Ssal에 대해 알려드렸고 이번에는 명상에 들어 Ssal을 실행하는 방법에 대해 알려드리겠습니다.

우선 편안하게 앉습니다. 가부좌[2]를 할 수 있는 사람들은 가부좌를 하 시고, 그냥 편하게 반 가부좌의 자세를 만들어도 됩니다. 의자를 사용하는 분들은 편안하게 의자에 앉으시면 됩니다.

---

2 가부좌 : 결과부좌(結跏趺坐)라고도 하며 가부좌는 오른발을 왼쪽 허벅지 위에 얹은 다음 왼발을 오른 허벅지 위에 얹어 앉는 자세입니다. 불교에서는 붓다가 앉는 자세로 불좌(佛座), 여래좌(如來座)라고 부릅니다. - 한국민족문화대백과사전 encykorea.aks.ac.kr 정성준 (동국대학교)

그 상태에서 허리를 등받이에서 떼고 바로 세웁니다. 두 손은 가만히 힘을 빼서 천천히 무릎 위쪽에 올려줍니다. 자세에 너무 연연하지 않아도 됩니다. 대략 균형 잡힌 편안한 자세를 만들면 됩니다.

턱을 당겨 머리의 가운데가 하늘을 바라보도록 합니다.

그리고 눈을 지그시 감고 입은 가볍게 다물거나 살짝 미소 지은 상태로 만듭니다. 그리고 호흡은 코로 합니다. 처음에는 천천히 깊게 들이마셨다가 천천히 내쉽니다. 이렇게 세 번 하면 됩니다.

그리고 평상시 호흡으로 돌아옵니다. 이제 들어오고 나가는 호흡에만 집중합니다. 생각이 떠오르면 기본 명상에서와 같이 오옴... 하며 흘려보냅니다.

호흡에 집중하다 보면 마음이 편안해지고 정신은 몽롱해지면서 약간 졸리운 상태가 됩니다. 그럼 이제 원하는 Ssal을 하나씩 천천히 그리기 시작합니다. 처음에는 그린다는 느낌으로 하지만 시간이 지나면서 점점 본다는 느낌으로 발전할 것입니다.

Ssal에 집중하다 보면 너무 편안하고 즐거운 나머지 졸음이 깊어질 수 있습니다. 졸음이 심해지면 두 손을 아주 천천히 모아 합장하거나 부처님의 모습처럼 수인[3]하여 완전히 졸음에 빠지는 것을 방지합니다.

---

3 수인(手印) : 불·보살의 서원을 나타내는 손의 모양 또는 수행자가 손이나 손가락으로 맺는 인(印)을 가리키는 불교용어 입니다. 열 손가락으로 여러 가지 모양을 만드는 표상을 말합니다.
  - 한국민족문화대백과사전 encykorea.aks.ac.kr 1996년 장충식

이제 여행을 계획하는 Ssal을 예를 들어 그려보겠습니다.

나는 지난 10년간 열심히 일했습니다. 너무 열심히 일한 나머지 한 번도 휴가를 제대로 즐기지 못했습니다. 휴가를 가더라도 가족을 위해 오랜 시간 운전하고, 관광지에 도착하면 사진 촬영을 해야 했습니다.

그리고 이동하는 동안에는 짐 나르기 등 봉사활동에 가까운 휴가로 나는 일상보다 오히려 더 힘든 휴가를 보내야 했습니다. 그래서 나는 오롯이 나만을 위한 힐링 여행을 현실로 만드는 Ssal을 그려 보려 합니다.

각자의 상황은 다 다를 것입니다.

그러나 가장 먼저 휴가 기간을 정하고 휴가를 갈 수 있는 상황을 만들어야 합니다. 직장인이어서 긴 휴가 기간을 만들기 어려울 수도 있습니다. 그러나 가능한 가장 긴 기간의 휴가를 염두에 두고 그것이 회사로 부터 재가를 얻어 기뻐하는 Ssal을 시도해 보시기 바랍니다.

휴가의 재가는 메일이나 인트라넷 서류를 통해 결재될 것입니다. 본인의 사정에 맞게 상황을 세팅하시기 바랍니다. 심상 안에서 이미 바라는 것이 이루어진 장면을 보면서 기뻐하시기를 바랍니다. 그리고 그 느낌을 기억해야 합니다.

이렇게 Ssal을 그릴 때는 그것이 이미 다 이루어진 이후의 감정과 느낌, 촉감, 향기, 맛 등을 생생하게 그리는 것이 중요합니다. 직장인처럼 제약이 많은 상황에서도 Ssal을 그리면 신기하게도 상황이 비슷하게 맞춰지며 의외의 요인들은 작용하게 되고 결국 휴가를 갖게 될 것입니다.

다음은 휴가를 실제로 경험하는 Ssal을 통해 실제 체험의 가능성을 높이는 Ssal의 예 입니다.

첫 번째 영상에서는 잘 다녀오겠다는 말과 함께 가족들과 인사하는 그림을 그립니다. 두 번째 영상은 공항이나 숙소에 도착하여 체크인하는 영상이나 호텔의 방으로 안내받는 영상을 그립니다.

세 번째는 여행지의 아름다운 풍경과 맛있는 음식을 체험하는 영상 등 본인이 평소에 하고 싶었던 몇 가지 이미지를 그립니다.

이런 영상을 그리기 위해 평소에 본 여행 관련 콘텐츠의 장면을 매치시키면 됩니다. Ssal을 그리면서 미소를 짓거나 행복한 마음을 유지하면 좋습니다.

네 번째는 또 다른 나라나 장소로 이동하는 그림을 그립니다. 이동 중에 경험하고 싶은 이벤트나 만나고 싶은 여행 친구를 상상해도 좋습니다. 다섯 번째는 좋은 친구들을 만나 함께 웃고 떠들며 먹고 마시는 그림을 그려봅니다.

여섯 번째는 호텔 수영장의 썬 베드에 누워 칵테일과 샌드위치를 주문하는 순간을 그려봅니다. 호텔리어는 나의 룸 넘버를 물어봅니다. 나는 룸 넘버를 말해주고 잠시 후 그녀는 나에게 음식을 서빙합니다. Ssal을 하는 동안 영상에 잘 어울리는 음악을 함께 플레이해 보거나 주변에 들리는 백색 소음을 상상해 보시기 바랍니다. 그리고 썬 베드의 촉감과 음식의 냄새와 맛을 함께 느끼면 더욱 좋습니다.

일곱 번째는 휴가가 끝나고 돌아오기 전날 아쉬워하는 마지막 밤의 마음을 영상에 그립니다. 가족들과 영상 통화로 보고 싶다고 말하는 영상도 좋겠습니다.

마지막으로 휴가에서 돌아와 준비한 선물들을 가족들과 열어보며 함께 행복해하는 영상으로 마무리합니다. 그리고 아무런 사고 없이 건강하게 여행을 마치게 되어 감사하는 마음으로 명상을 마칩니다.

명상을 마칠 때는 몸을 좌우로 천천히 움직이며 몸을 먼저 깨우고 서서히 눈을 뜹니다.

위에 말씀드린 순서와 상황은 개인마다 조금씩 다를 것입니다.

각자의 상황이나 선호하는 여행지, 그리고 시도해 볼 경험들 또한 다 다를 것입니다. 그렸던 'Ssal'은 휴대폰 메모 앱이나 노트에 순서와 상황을 기록해 두는 것이 좋습니다.

그리고 Ssal에서 그려 본 것 중에 여행의 경로나 중요한 상황을 삭제하거나 변경할 일이 생길 수 있습니다. 그럼 먼저 그렸던 Ssal의 수정을 위해 다시 그 장면의 영상을 플레이하고 반드시 삭제해야 합니다.

그렇지 않으면 결과가 뒤죽박죽 나타나거나 흐지부지되는 경우가 생깁니다. 아마도 나중에 결과를 기다리다가 가장 많이 경험하게 되는 상황일 것입니다. 이것은 Ssal의 연습 초기에 어쩔 수 없이 자주 생기는 문제이기 때문에 여러분은 여러 번 실패를 거듭할 것입니다.

Ssal의 삭제 방법은 원하는 부분의 영상을 다시 플레이하다 취소할 부분이 나오면 자! 여기에서 여기까지 취소! 이렇게 생각하여 그렸던 생각을 반드시 지워야 합니다. 어떤 식의 상상이든 상관없지만 영상을 깨끗이 지우는 상상을 한 후에 다시 추가하고 싶은 Ssal을 다시 그려야 됩니다.

나는 자동차 와이퍼와 같은 도구로 원치 않는 영상을 깨끗이 지운다는 생각으로 삭제를 실행합니다. 이것은 나만의 방법입니다. 각자에 느낌에 맞는 방법을 개발하여 적용하시는 것도 좋습니다.

다음은 우리가 Ssal을 하면서 자주 할 수 있는 실수에 대한 것입니다. 그것은 바로 비슷한 내용으로 Ssal을 반복하며 그 내용이나 상황을 조금씩 바꾸는 것입니다. 다시 말씀드리면 조금씩 내용이 바뀌는 Ssal을 여러 번 반복하는 것을 말합니다.

우주 시스템은 여러분이 원하는 창조를 현실로 만들기 위해 아주 미미한 에너지만으로도 그것을 작동시킬 수 있습니다. 우리가 글을 쓸 때도 워드 앱에서 글을 타이핑하고 클라우드에 저장하면 평생 지워지지 않습니다. 우리가 원하는 Ssal은 언제나 일정한 장면과 느낌이어야 합니다. 그런데 비슷한 명령을 계속 내린다면 어떻게 될까요?

하나의 예를 들어 보겠습니다.

나는 사업에 대한 아이디어나 계획을 랩톱의 '워드 앱'에 저장하는 습관이 있습니다. 그 워드 앱은 휴대폰의 앱과 연동이 되어 있어 언제 어디서나 작성이 가능합니다.

그런데 나는 같은 주제로 글을 작성했던 것을 잊고 다시 워드 앱에 비슷한 글을 쓰고 파일을 만듭니다. 그리고는 다시 또 새 폴더를 만들고 저장합니다.

시간이 흘러 기억은 지워지고 이와 비슷한 작업을 나는 여러 번 반복합니다. 몇 년이 지나고 나는 출장 중에 갑자기 그 아이디어를 가지고 바이어와 회의할 일이 생겼습니다.

나는 아주 좋은 기회라고 생각했고 그 아이디어에 대한 메모를 어렴풋이 기억해 냅니다. 그런데 미리 약속되어있던 다른 업체와 미팅을 앞두고 있어 문서를 작성할 시간이 없습니다.

나는 비서에게 급히 전화하여 파일을 찾으라고 지시합니다. 그리고 찾은 파일을 PPT를 사용하여 순서도를 만들어 달라고 부탁했습니다. 비서는 나의 클라우드에 접속하여 키워드 검색으로 해당 파일을 찾습니다.

그런데 얼마나 그 아이디어가 나에게 간절했던지 이름이 비슷한 파일이 12개나 나옵니다. 비슷하지만 내용은 조금씩 다르고 순서도 다 다릅니다. 12개를 다 확인하는 동안 나의 비서는 벌써 현기증이 옵니다.

이 문제를 해결하기 위해 그녀는 나에게 여러 번 전화를 걸지만 회의 중이던 나는 전화를 받지 않습니다. 당황한 비서는 어쩔 수 없이 자기 생각대로 문서를 만들어 나에게 보냈습니다.

나는 다음 회의에 들어가기 5분 전 그 파일을 받아 열어보았습니다. 그런데 내가 생각했던 것과는 전혀 다른 문서가 작성되었습니다. 문서의 텍스트는 너무 많고 크기가 작으며 중요한 내용도 몇 개 빠졌습니다. 순서도는 복잡한 구조에 화살표도 뒤죽박죽입니다.

우리가 'Ssal'을 통해서 현실을 만드는 과정도 이와 같습니다. 비슷한 Ssal을 계속해서 그리면 비슷한 '레이어 Layer'[4]가 만들어져 겹쳐 쓰기가 됩니다. 그러면 결과도 엉망이 되어 나타납니다.

비슷한 결과가 나타나지만 만족할 만큼의 결과가 나오지 않을 수도 있습니다. 여러분은 Ssal을 연습하면서 이러한 상황을 자주 만나게

---

4 Layer(레이어) : 사전적으로 '층, 계층'이라는 뜻을 가지고 있으며, 쉽게 겹겹의 투명 필름이라고 생각하면 됩니다. 여러 개의 레이어에 그림이나 사진을 배열하고 겹쳐 보여지게 하거나 부분이 보이지 않게 할 수 있습니다. 이미지 프로세서인 포토샵 등에서 자주 사용되는 기능입니다.

될 것입니다.

개인의 차이가 있겠지만 즉시 좋은 결과를 만드는 분도 있고 또 저처럼 아주 오랜 기간을 연습하여 원하는 결과가 점차 나타나는 분들도 있을 것입니다.

여러분이 시중에 나와 있는 상상의 힘을 제대로 사용하지 못하는 것은 바로 위에서 말씀드린 예와 같은 실수를 하고 있기 때문입니다. 몇 번 해보고 잘 안되면 "이게 뭐야? 열심히 상상했는데 안 되잖아... 이거 완전히 속았네..." 하며 낙심할 것입니다.

복권을 사고 1등이 되는 상상을 열심히 하는데 항상 일등은 다른 사람들의 몫인 것처럼 말입니다. 'Ssal'은 시간이 걸리며 시행착오를 거치면서 여러분께 점점 더 좋은 결과를 만들어 낼 것입니다.

처음부터 결과가 좋은 분이 계신다면 자신의 풍요로운 삶을 만든 후 지구의 한 차원 높은 통합을 위해서도 그 에너지를 나누어 주시리라 믿겠습니다.

그러나 대부분 처음부터 Ssal의 결과는 내가 본 대로 만들어지지 않을 것입니다. 앞서 말씀드린 '태초의 의식'과 나의 존재에 대한 '믿음'을 항상 유지할 수 있어야 가능합니다.

그것은 순수한 '되어있음'의 상태입니다. 그것을 이룰 수 있는 기간은 사람마다 다 다를 것입니다. 그러나 자신이 깨어나기를 간절히 바라고 그것을 유지하기 위해 관심과 노력을 기울이다 보면 생각보다는 쉽게 그것은 가능합니다.

여러분이 영적으로 깨어나기 위해서는 먼저 마음 안에서 나는 깨어나겠다고 선언해야 합니다.

"나는 이 세상으로부터 깨어났다!"

그리고 명상에 들어가 "나는 누구인가? 나는 어디서 왔는가? 나는 어디로 가고 있는가?"의 질문을 마음속 깊이 던집니다. 그러면 깨어남은 당신의 끊임없는 관심을 통해 어느 날 갑자기 당신을 찾아올 것입니다.

그 물음은 그 어떤 곳도 아닌 나의 깊은 내면을 향하게 됩니다. 그렇게 지속하면 어느 날 내면에서 진리의 울림이 나에게 해답을 줄 것입니다. 그것은 나의 내면과 우주 의식이 연결된 첫째 날이 되는 것입니다.

깨어남이 일어난 후 중요한 것은 깨어남과 멀어지지 않는 것입니다.

깨어남과 멀어지지 않으려면 먼저 깨어난 이들의 책을 가까이하여 독서를 하면 좋습니다. 여러분이 독서를 좋아하지 않는다고 해도 걱정할 필요는 없습니다. 만약 당신이 깨어남에 서서히 이끌리게 되면 신기하게도 책을 계속 찾게 되고 읽게 될 것입니다.

그것은 내면에서 폭발한 지혜를 확인하기 위한 작업이며 당신에게 흔들리지 않는 믿음을 갖게 할 것입니다. 그리고 그 안에는 '태초의 의식'이 우리에게 보내는 촌철살인의 메시지가 들어있을 것입니다.

'Ssal'은 미래에 나타날 영적인 '미래 체험'일 뿐만 아니라 인간의 뇌에 실제로 경험한 일처럼 학습시키는 효과를 가지고 있어 생각이 나의 의도를 따르도록 할 수 있습니다.

**'Ssal'은 미래에 나타날 영적인 '미래 체험'이며
뇌를 학습시켜 생각이 나의 의도를 따르도록 만드는 것입니다.**

이처럼 'Ssal'에서 본 모든 비전을 다 이룬 것이라 믿으면 뱀과 마귀들은 모두 나를 따르게 될 것입니다.

@ Ilugram

사건의 비산

여러분 중에 누군가는 '깨어남'의 과정에서 사건의 '비산飛散'을 겪어야 할 수도 있습니다. 이것은 과거에 있었던 힘들었던 기억들 때문에 고통스러운 기간을 겪게 되는 것을 말합니다.

그러나 그때를 잘 지나게 되면 마음속에서 사건들은 서서히 긍정적인 것으로 바뀌어 정의되고 다시 가라앉을 것입니다.

'사건의 비산'이란 '깨어남'에 이르고 지혜를 얻게 되었지만 괴로운 기억이나 사건, 다툼과 헤어짐 등 수많은 과거의 슬픔이 마음속에서 먼지처럼 다시 떠오르는 것을 말합니다.

그것은 일정 기간 계속되며 오랜 기간 여러 번에 걸쳐 경험하기도 합니다. 이 시기에는 잊고 살았던 기억들이 하나하나 되살아나 정신적인 스트레스가 극도로 심해질 수도 있습니다.

그러나 이것은 나의 무의식을 정화하고 긍정적인 것들로 채우기 위해 꼭 필요한 과정입니다. 나는 처음에 이것이 무엇인지 몰라 많은 날을 우울함 속에서 보내야 했습니다.

그러나 이제 그것을 다 겪고 시간이 지나면서 왜 그 시간이 나에게 필요했는지 알게 되었습니다. 그래서 그것을 겪게 될 여러분께 좀 더 수월한 과정이 될 수 있도록 미리 지혜를 드리고자 합니다.

깨어남이 일어나면 나의 관념의 중심이 일순간에 바뀌게 됩니다.

이것은 여러분이 영의 눈을 뜨고 구분에서 하나의 지혜로 옮겨가는 과정입니다. 순식간에 폭발한 지혜가 3차원 세계를 살아가던 관념과 충돌을 일으켜 혼란이 자주 일어나는 것입니다. 그 과정에서 밝고 순수한 에너지가 나에게서 서서히 발현하기 시작합니다. 다시 말해 점점 맑고 좋은 기운이 만들어지는 것입니다.

한 줄기 빛이 어둠을 밝히듯 좋은 기운들은 나에게 숨겨져 있던 어둠을 비추고 그동안 어둠에 가려진 나의 아픔들을 찾아냅니다. 별것 아니라고 무시하고 괜찮다고 참아왔던 수많은 상처가 무의식에는 그대로 쌓여 있었던 것이었습니다.

그동안 그 많은 감정의 쓰레기들이 사라진 것이 아니라 내 무의식에 숨어 나의 말과 행동과 삶의 전반에 걸쳐 나조차도 모르는 나를 만들고 부정적인 영향을 끼쳐왔던 것입니다.

이제 그것을 알게 된 것만으로 큰 성과입니다. 알게 되었다는 것은 그것에 대한 의미를 바꿀 좋은 기회가 생긴 것입니다. '깨어남'이 준 이 기회를 통해 우리는 펼쳐진 우주에서 과거의 사건을 다시 마주하고 새로운 의미를 부여할 수 있게 된 것입니다.

우리는 이 숨겨져 있던 과거의 아픔들을 치유하여 과거를 재정의하고 치유된 무의식의 공간에 긍정적인 에너지를 채워 자연스럽게 발산될 수 있도록 만들 것입니다.

그 과정의 예를 들어보겠습니다.

음식이 가득 담긴 접시들이 여러 개 있습니다. 이 음식들이 나의 과거의 사건들이라고 가정해 보겠습니다. 이 접시들은 여러 해 그대로 방치되어 새로운 음식을 담기에는 더럽고 악취가 납니다.

나는 어느 날 그것들의 존재를 알게 되었습니다. 나는 우선 악취가 나는 접시의 음식들을 쓰레기통에 비웠습니다. 그리고 새로운 음식을 담아 보려 했지만 썩은 음식물이 아직 접시에 묻어 있어 담을 수가 없습니다.

새로운 음식을 담으려면 먼저 접시를 깨끗이 씻어야 합니다. 접시들을 씻으려고 물통에 담갔더니 이전의 음식 찌꺼기들이 물 위를 둥둥 떠다니고 악취를 풍깁니다.

접시를 닦는 동안 이 더러움과 악취로 나는 한동안 괴로움을 겪을 수밖에 없습니다. '사건의 비산'은 이렇게 나의 마음속에서 떠올라

정화를 기다릴 것입니다.

이때 우리는 그 사건들을 다시 잘 들여다보아야 합니다. 우리는 마음 아픈 일을 자주 겪었지만 "괜찮아. 다 괜찮아질 거야." 하며 그동안 나의 마음을 방치했습니다. 방치한 것들이 쌓이면 그것이 나의 무의식에 남아 상처로 저장되어 창조와 도전을 방해하게 됩니다.

그런데 대부분의 사람은 그것을 모른 채 평생을 살아갑니다.

사건의 비산이 시작되면 괴로웠던 순간들을 다시 마주하기에 우리의 정신은 아주 괴롭고 혼이 납니다.[1] 그래서 우리는 그 혼을 위로하여 달래주어야 합니다.

그때 겪었던 아픈 기억이 다시 떠오르면 당시에 힘들고 괴로웠던 느낌을 그대로 느끼고 인정해 주어야 합니다. 눈물이 나면 시원하게 울어야 합니다. 이것은 있는 그대로의 감정을 달래주어 나의 마음을 위로하는 행위입니다.

그 사건에 원망스러운 사람이 있으면 이제는 '사랑과 용서'라는 세제를 묻혀 잘 씻어서 이제 다시 만나지 않을 그 사건들을 '축복하며' 멀리멀리 떠나보내야 합니다.

그 사람이 만약 나를 버리고 떠나간 과거의 연인이었다면 "네가 떠나가서 나는 너무 슬프고 아프고 괴로웠다"고 나의 마음에서 그 사건에 대한 감정을 솔직하게 인정해 주어야 합니다.

---

[1] 혼이 나다 : 육체에서 혼이 분리될 정도로 놀라거나 괴로운 상태를 말합니다.

우리는 아픔을 대충 덮고 시간에 의존하여 그 아픔이 사라질 거라고 생각합니다. 아니면 또 다른 사람을 만나면 쉽게 그(녀)를 잊고 상처가 치유될 거라고 생각합니다. 하지만 그것은 사라지거나 치유가 된 것이 아니라 마음의 상처가 되어 숨어있습니다.

새로운 사람을 만나도 그 사람이 또 떠나갈지도 모른다는 무의식이 작동하여 만남의 과정에서 나도 모르게 실수하거나 시작도 전에 사랑의 감정이 생기는 것을 두려워하게 됩니다.

이제 우리는 명상에 들어가 당시에 그(녀)가 나에게 주었던 사랑에 대한 장면과 느낌을 떠올립니다.

그리고 그때 나를 그토록 아껴주고 사랑해 주어 너무나 감사하다고 사랑과 축복으로 그 사건을 떠나보내야 합니다. "그때 나는 행복했고 당신을 사랑했었습니다. 그래서 감사합니다."

그러나 "당신이 떠나간 후 나의 마음은 너무 아팠습니다." 하지만 "나는 이제 더 이상 당신을 미워하지도 원망하지도 않습니다. 이제 나는 당신을 축복하며 보내주려 합니다."

"잘 가고 이제 다시는 내게 오지 않기를 바랍니다." 이렇게 생각하며 그(녀)를 마음에서 떠나보내기를 바랍니다. 이것은 한 번에 치유되지 않을 것입니다. 그것이 올라올 때마다 여러 번 행해야 합니다.

그런데 여러 번 씻어내도 어떤 사건들은 가끔 다시 비산하여 나를 괴롭힐 것입니다. 그래도 사건의 비산이 있을 때마다 감사와 축복의

'떠나보냄' 의식을 반복하면 그것의 힘은 조금씩 약해질 것입니다.

그렇게 시간이 흐르면 나중에는 내가 닦을 때 사용했던 사랑과 축복만이 기억 속에 남을 것입니다. 그 사건과 사람이 달리 저장되다 보면 시간이 흐른 후에는 다시 그 사건이 떠올라도 무덤덤해지거나 그를 향해 행복을 빌어줄 수 있게 됩니다.

나중에 여러분은 이 명상이 그들을 위한 것이 아닌 나 자신을 위한 것이었음을 깨닫게 될 것입니다. 그러나 나는 당시에 이 과정이 너무나 괴로운 나머지 극심한 우울증에 시달렸습니다. 결국 정신과 병원을 찾았지만 약을 처방해 주는 것이 전부였습니다.

다행인 것은 약을 처방받아 먹고 나서는 잠을 좀 더 길게 잘 수 있게 되어 육체적인 고통은 덜게 되었습니다. 여러분은 내가 겪은 괴롭고 힘든 시간을 줄이고 사랑과 축복으로 과거를 재조명할 수 있기를 바랍니다. 이제 과거를 바꿔 무의식이 건강해지면 모든 면에서 나는 새로운 내가 되어 이전에 행복한 에너지로 가득 채워질 것입니다.

우주적 관점으로 볼 때 시간은 없습니다. 창조는 모든 장면의 데이터가 일순간 한 번에 팽창하여 동시에 차원을 하강하여 존재하게 되었습니다. 나의 선택으로 관념이 바뀌면 동시에 과거 또한 바꿀 수 있는 것입니다. 내가 본 것, 느낀 것들의 정의가 바뀌면 현재와 미래도 함께 바뀌게 될 것입니다.

우리 몸에 상처가 나면 상처의 보호를 위해 환부가 부풀어 오르고 지혈을 위해 혈액이 응고됩니다. 그리고 염증이나 세균을 제거하는 과정을 거쳐 새로운 피부를 증식합니다.

새로운 피부의 증식 후 성숙이 잘 되면 이전보다 더 연하고 평평한 피부가 재생됩니다. 내 마음에 상처도 마찬가지입니다. 잘 치유되면 이전보다 건강한 무의식의 공간이 만들어지게 되는 것입니다.

축복으로 떠나보낸 것들이 많을수록 기쁨과 사랑이 가득한 내면이 만들어질 것입니다. 그러면 나의 마음속의 칼은 사라집니다.

무술에는 3단계가 있습니다.

**첫 번째 단계는 손과 마음에 칼을 쥐고 있는 것이고,
두 번째는 마음에만 칼이 있는 단계이며,
세 번째 단계는 어디에도 칼이 없는 해탈의 경지입니다.**

〈영화, 무술인 이연걸〉

우리가 깨어남을 수업하는 것과 무술을 연마하여 몸을 수련하는 것은 많은 부분 닮았습니다. 나는 두 번째 이끌림에서 많은 지혜와 깨달음이 한꺼번에 폭발하여 내가 무엇인가 된 것처럼 착각을 일으켰습니다.

깨달음이 있고 지혜가 열리면 '범인凡人[2]들의 말과 행동으로 인한 결과가 빠르게 예측이 되기 때문입니다. 그러면 마치 내가 예지자

---

2 凡人(범인) : 평범(平凡)한 사람 또는 일반인을 말합니다.

나 예언자가 된 것처럼 공상에 빠지기 쉽습니다.

나는 산란한 마음속에 비산하는 과거의 관계들이 떠오를 때마다 그들을 저주하고 복수를 다짐하는 과오를 저질렀습니다. 그래서 나의 '깨어있음 Awakening'은 좀 더 시간이 필요했던 것일지도 모릅니다.

여러분도 도저히 용서와 사랑으로 씻어낼 수 없는 과거의 관계가 있겠지만 그들을 위해서가 아닙니다. 앞으로 평화와 기쁨 안에 살아갈 나를 위해 용서와 축복으로 그들을 떠나보내야 합니다. 그렇게 반복하다 보면 이제 마음에 칼도 거두어 어디에도 칼이 없는 상태가 될 것입니다.

나는 두 번째 이끌림이 시작되고 여러 번 다른 사람들의 신체적 고통을 함께 느낀 적이 있습니다. 주변 사람이 아픈 곳이 있으면 똑같은 부위에 통증을 느끼거나 아픈 사람과 같은 병증이 생기는 고통을 경험하는 것이었습니다.

내가 그들을 만난 후 그들은 점점 아픈 곳이 나아 멀쩡해지고 있는데 오히려 내가 대신 그들의 고통을 느끼는 일들이 치유의 시기에 자주 일어났었습니다.

이것은 '깨어남' 이후에 맑은 에너지가 채워져 나의 무의식이 치유되어 나타나는 현상입니다. 나와 이 세상의 모든 것들은 연결되어 있습니다. 이것은 '사건의 치유'가 잘 되어가고 있다는 증거입니다.

'사건의 치유'가 잘 되고 과거의 정의가 점점 바뀌면 나와 관계된 사람들과 공감 능력이 점점 좋아지고 내면에 사랑과 기쁨의 에너지가 증폭되어 갑니다. 그래서 가족이나 지인이 아프면 그 사람과 에너지가 연결되어 같은 증상이 나타나게 되고 나는 그와 함께 고통을 나누어 그의 병세가 빨리 호전되도록 만드는 것입니다.

이 현상은 계속 지속되지는 않을 것입니다. 사건의 비산과 정화의 시기가 지나면서 이 현상도 함께 지나갈 것입니다. 우리가 사는 이 우주는 끝없이 넓은 공간과 은하들이 존재하지만 결코 우연이란 없습니다.

무엇인가 나에게 일어난다는 것은 그것이 필요해서 일어나는 것입니다. 그것으로부터 나는 어떤 지혜와 깨달음을 얻을 것인가? 생각하며 나의 세심한 관찰력을 집중해야 합니다.

그러면 그 현상의 진실을 알게 되고 앞으로 그 에너지를 사용할 수 있게 됩니다. 이제부터 여러분은 나와 주변의 에너지를 관찰하게 될 것입니다. 에너지를 빼앗기는 일은 자연스럽게 차단하고 흐름이 원활한 곳으로 몸을 이동시킬 것입니다.

에너지가 나쁘게 느껴지는 사람들과는 자연스럽게 멀어지고 에너지의 흐름이 좋은 사람들과 만나 점차 새로운 관계를 형성하게 될 것입니다.

어떤 시기에는 한꺼번에 너무 많은 사람을 떠나보내 홀로 외롭게 긴 시간을 버텨야 할 경우도 생길 수 있습니다. 이 시기에 외로움을 참지 못하고 사람들을 찾아 나서 외로움을 해소하고자 할 수 있습니다. 그러나 그때 만난 사람들은 그 순간 좋은 인연일 것 같지만 시간이 지나면 에너지가 맞지 않는 사람들과는 관계를 지속할 수 없음을 깨닫게 될 것입니다.

시간이 지나면 신기하게도 나와 에너지가 맞는 새로운 인연들이 나에게 하나둘 찾아올 것입니다. 새로운 인연들이 생겨 관계를 시작할 때는 이전과는 조금 다른 생각을 가져야 합니다. 우리는 살면서 자주 나도 나를 모를 때가 많습니다. 우리는 그때그때 다릅니다. 세상에 어떤 것도 하나의 모습으로 살아가지 않습니다.

나의 아침은 친절한 옆집 남자였다가 저녁에는 술 취한 싸움꾼일지도 모르니까 말입니다. 이것은 나를 따르지 않는 생각들이 만들어내는 부조화입니다. 이제는 분수처럼 멈추지 않고 뿜어져 나오는 생각들이 나의 삶을 좌지우지하지 않도록 우리는 깨어나야만 합니다.

나는 '도스토옙스키 Fyodor Dostoevsky'의 '카라마조프가의 형제들'을 읽으며 이야기 속 모든 형제들의 캐릭터가 내 안에 있음을 발견했습니다. 그렇기에 우리는 이 세상의 그 누구도 섣불리 판단할 수 없습니다.

우리가 판단을 경계하고 세상의 모든 생명을 동등하게 바라볼 수 있다면 우리는 사랑의 정점에 올라선 것이며 'Ssal'의 영적인 힘을 최대로 사용할 수 있게 될 것입니다.

그리고 그것은 현재뿐만 아니라 과거의 나에게도 허용해야 합니다. 내가 과거에 만난 모든 것, 사람, 동물, 그리고 장소, 사건 등 모든 생각에 대해서 부정적인 판단을 내리지 않겠다고 지금 선언해야 합니다. 우리는 서로 연결되어 진동하고 있으며 기쁨 안에서 각자의 체험을 하는 사랑스러운 존재이기 때문입니다.

나는 그때그때 다릅니다. 상대방도 마찬가지입니다.
그리고 자연마저도 그렇습니다.

온 우주는 진동하고 있습니다.

@ Ilugram

비워 떠나보냄 그리고 채움

1999년, 워쇼스키 형제 감독의 영화 '매트릭스 MATRIX'에서 주인공 '네오'는 평소에 존경하던 전설적인 해커 '모피어스'를 만나게 됩니다.

모피어스는 네오에게 우리가 현실이라고 믿고 있는 세상은 AI가 만들어낸 가상의 세계이며 기계들이 인간의 에너지를 동력으로 사용하기 위해 만들어낸 매트릭스 프로그램이라고 알려줍니다.

모피어스는 네오가 깨어나 진실을 알 수 있는 빨간 알약, 그리고 매트릭스의 가상 세계에 그대로 머물 수 있는 파란 알약 두 가지 중에 하나를 선택하도록 합니다.

여러분중에는 이 영화를 보신 분들이 많을 것입니다. 그리고 시리즈의 결말까지도 알고 있는 분이 많은 거라 생각됩니다.

만약 당신이 존경하는 사람이 어느 날 찾아와 이 세계는 AI가 만들어낸 가상의 세계이며 당신이 원한다면 자신이 이 세계의 현실을 보여주겠다고 말합니다.

당신이 이런 제안을 받는다면 어떻게 하시겠습니까? 가상 현실에 머물겠습니까? 아니면 진실을 향해 나아가겠습니까? 이 영화의 감독 워쇼스키 형제 감독은 훗날 성전환을 통해 워쇼스키 자매가 되었습니다. 이들이 이 영화를 통해 하고 싶었던 이야기는 무엇이었을까요?

아마도 그들은 영화를 본 관객들도 자신들과 같이 이 매트릭스의 세상을 인식하고 깨어나 자유와 깨달음을 얻기를 바랐을 것입니다. 나는 감독들이 가진 철학과 신념이 영화를 통해 반영되는 것은 당연하다고 생각합니다.

나는 그들의 성전환도 이 영화가 지니는 서사에 포함된다고 생각합니다. 만약 영화 속 세상에서 그들을 바라보면 그들은 영화의 세계를 만든 창조주입니다. 그런데 창조주인 그들은 아버지였다가 어느 날 어머니가 되었습니다. 그들은 이제 아버지이기도 하고 어머니이기도 하며 어쩌면 둘 다 아닐지도 모릅니다.

그들은 자신들을 구분에서 해방하는 선택을 하였습니다.

깨어남이 있고 난 뒤 깨어난 자들의 관점은 빠르게 인류를 향해 이동하게 됩니다. 그 것은 우리가 연결된 하나이기 때문입니다.

그들은 자신이 가진 능력을 활용하여 아직 깨어나지 못한 사람들을 위해 기쁨 안에서 일하게 됩니다.

주인공 네오가 각성하고 매트릭스의 질서 유지용 프로그램인 스미스 요원과 맞서 싸우기 시작할 때 등장하는 시스템의 내부는 어느 것 하나 구분이 없는 하나의 초록빛 덩어리로 표현이 됩니다.

매트릭스 3편 '레볼루션 Revolutions'에서도 네오가 기계들과 협력하여 바이러스가 된 스미스 요원과 싸우는 장면이 나옵니다. 그 장면에서도 시스템의 내부는 아무 구분이 없는 하나의 황금빛 덩어리로 빛날 뿐이었습니다.

혹자들은 주인공인 네오가 현대판 예수 또는 붓다를 상징한다고 해석하는 사람들이 있습니다. 그러나 영화에서도 나왔듯이 시스템 관리자인 '오라클'은 네오에게 너는 '메시아'가 아니라고 말합니다.

매트릭스의 세계관은 메시아의 이야기가 아닌 시스템 부적응자들의 이야기입니다. 시스템에서 살아가지만 무언가 답답하고 무엇인가에 막혀 있는 듯 한 느낌을 받는 사람들을 위한 깨어남과 깨달음, 그리고 창조의 이야기입니다.

그는 '레볼루션'에서 시스템을 장악한 '스미스 요원'과 마지막 결전을 치릅니다. 끝이 없을 것 같은 싸움이 이어지던 중 네오는 오라클이 해주었던 이야기를 떠올립니다. 네오는 격렬한 싸움을 멈추고 스미스 요원에게 흡수되어 버립니다. 그는 스미스 요원에게 흡수되어 소멸하는 길을 선택합니다.

스미스 요원 또한 시스템 에러와 같은 네오를 제거하기 위해 존재하는 프로그램이기 때문에 네오가 소멸하는 순간 자신도 함께 사라지고 말았습니다.

매트릭스의 세계관은 깨어남의 관점에서 볼 때 시사하는 바가 매우 큽니다. 영화적인 요소를 위한 액션과 선악의 구도를 뺀다면 전체 스토리는 구분에서 깨어나 깨달음을 얻고 전체의식으로 하나가 되는 우리의 '깨어남의 스토리'와 동일 합니다.

여러분도 네오와 같이 깨어남 이후로 깊은 깨달음과 자유를 느낄 수 있을 것입니다. 자신의 생각대로 창조의 힘을 발휘할 수 있도록 생각을 사용하고 좀 더 선택의 폭이 넓은 풍요를 누릴 수 있게 됩니다.

그리고 매트릭스로 되어 있는 세상의 에너지들을 구분하여 알고 답답함에서 벗어나 평화를 찾을 수 있습니다. 이것은 진화한 의식의 발현입니다. 타인을 구분하지 않으며 내 안에 점점 더 큰 사랑을 만들어 냅니다.

당신은 주변에 사랑하는 사람들에게도 사랑의 에너지를 확산시키며 선한 영향력을 펼치며 살아갈 수 있게 되는 것입니다. 좋은 에너지를 가진 사람들 끼리는 서로를 끌어당겨 모이고 관계하며 살아가게 됩니다. 그뿐만 아니라 과거의 불편한 기억들도 좀 더 편안한 기억으로 점차 재생산되어 좋은 추억으로 바뀝니다. 과거가 바뀌면 현재 또한 바뀌게 됩니다. 사랑과 감사의 에너지가 충만하면 불평불만이 점점 줄어듭니다.

실제로 이런 느낌입니다. '나'라는 캐릭터가 3차원 세상에서 플레이되고 있고, 또 다른 내가 VR 헤드기어를 쓰고 그 캐릭터를 컨트롤하는 것과 비슷한 느낌이 듭니다. 나의 신체와 의식이 분리되어 일상의 사건 사고에서 한발 물러나 캐릭터를 바라보고 있는 그런 느낌입니다.

이 느낌을 알게 되면 일상에서 벌어지는 나쁜 상황에서도 쉽게 흥분하거나 과민하게 받아들이지 않게 됩니다. 오히려 좋지 않은 상황 속에서도 이 문제를 더 넓게 바라볼 수 있게 되고 원인의 대상을 적으로 바라보지 않게 됩니다.

그러나 체험을 위해 분리를 겪어야 하기에 도저히 용서와 사랑으로 씻어내기 힘든 관계도 있습니다. 그러나 좋았던 때도 있었음을 기억하며 "그때 나를 사랑해 주어 감사합니다. 나는 이제 당신을 미워하지도 사랑하지도 않습니다." 다짐하며 잘 가라고 떠나보냈었습니다.

그러나 여러번 닦아내도 과거의 아픈 기억이나 잘못된 선택에서 빚어진 실수로 마음이 힘드신 분들이 있을 것입니다. 깊은 슬픔과 아픔을 가지신 분들께 특별한 명상법을 알려드리겠습니다.

이것은 무의식에 들어가 '떠나보냄 의식'을 하는 명상입니다.

· · · · ·

이 방법을 읽고 따라 해 보시고 자신과 잘 맞는다면 자기만의 방법을 새롭게 추가하여 활용해 보시기 바랍니다. 유튜브에서 명상음악을 들으면서 하면 더 좋습니다.

유튜브 검색창에 Meditation Music을 찾아보시기 바랍니다. 주파수는 432hz 또는 528hz를 추천드립니다. 그밖에도 자신에게 맞는 다른 주파수의 음악도 찾아 명상에 활용해 보시면 좋습니다. Meditation Music을 검색하면 아주 다양한 음악이 있다는 것을 알 수 있을 것입니다.

명상의 초입은 언제나 같습니다.

천천히 깊은 호흡을 몇 번 하고 평상시 호흡으로 돌아옵니다. 바른 자세를 유지하되 몸을 서서히 이완하면서 나의 영이 육체와 분리되어 서서히 위로 들려 올라간다고 느낍니다.

나의 영은 서서히 들려 올라가 어느새 우리 마을 전체가 보입니다. 나의 영은 빠르게 상승하며 대기권을 벗어나 우주 공간에서 이르러 지구를 한번 바라봅니다. 그리고 나의 의식 에너지는 점점 커집니다. 이제 에너지를 더 극대화해 지구보다 더 크게 확장 시킵니다. 그리고 지구를 향해 더 많은 사람이 깨어나 의식의 상승을 누리기를 바라는 마음으로 아름다운 지구를 바라봅니다.

그리고 빠른 속도로 '웜홀'과 같은 우주의 고속 통로를 한참 동안 지나갑니다. 그리고 아름답게 빛나는 푸른 행성으로 진입합니다.

이곳은 나의 상상으로 만들어낸 아름다운 행성입니다.

이곳에는 온통 내가 좋아하는 것으로 가득합니다. 내가 좋아하는 해안가 별장이 있고 안에는 명상실도 따로 만들어 놓았습니다. 테라스에는 아이스티와 맛있는 과일도 항상 준비되어 있습니다.

그리고 더 높은 차원의 말동무인 또 다른 '나'도 있습니다. 이 존재는 아주 오래된 나의 순수 의식입니다. 이 존재는 어린아이의 모습을 하고 있습니다.

이런 장소의 설정과 분위기는 본인의 상상으로 무엇이든 만들어 보시기 바랍니다. 당신이 있으라 하면 있을 것입니다.

나는 바닷가로 천천히 나아가 나의 멋진 별장과 아름다운 섬의 경치를 바라봅니다. 그리고 명상 자세로 허리까지 물에 잠기게 앉습니다. 파도와 바람은 잔잔하고 물은 따뜻합니다.

이제 나를 힘들게 하는 가슴 아픈 기억, 슬픈 장면 지우고 싶은 과거 끊임없이 밀려오는 걱정을 마음속에서 떠나보내기 위해 떠올립니다.

떠오른 기억이 나에게 아픔을 주면 그 아픔을 느껴봅니다.

"이 기억은 _ _ _ _ _때문에 나를 비참하게 만들고 가슴이 아프다." 마음속에서 충분히 그것을 있는 그대로 느껴봅니다.

슬픔이 밀려오고 눈물이 나면 참지말고 눈물을 흘려 상처 난 무의식을 알아주어야 합니다. 그리고 그 사건이 왜? 아직도 나의 마음에 남아 나를 아프고 힘들게 하는 것인지 분명하게 바라봅니다.

그 아픔은 아쉬움인가? 두려움인가? 후회인가? 아니면 불만인가? 그것이 아니라면 그(녀)에게 남은 미련 때문인가? 아니면 미움인가? 화남인가? 화가 난다면 그 대상이 누구인가? 대처를 잘하지 못한 나 자신 때문인가? 아니면 그(녀) 인가? 정확히 다시 복기해 봅니다.

그렇게 그것들을 바라보고 나면 그 어두운 쓰레기들은 내 영체의 머리끝에서 발끝까지 검게 가득 찹니다.

나는 그것을 나의 높은 에너지로 아래로 밀어냅니다.

그 검은 물체들은 나의 다리사이로 흘러 물속으로 밀려 나옵니다. 이제 그 아픔의 장면 속에서 그래도 좋았던 한 때의 기억들이 있었다면 그(들)에게 그동안 감사했다는 인사를 합니다.

그리고 마지막으로 "나는 이제 너(희)를 미워하지도 원망하지도 아쉬워하지도 않는다."라고 마음속으로 대상을 향해 말합니다.

만약 나의 실수로 좋지 않은 상황의 과오가 발생했다면 "미안합니다. 용서하세요. 감사합니다. 사랑합니다. 이제 나는 더 이상 이 기억을 원하지 않습니다. 나는 이제 그 사건의 모든 것을 원망하지도 아쉬워하지도 않습니다."라고 마음속으로 대상을 향해 말합니다.

그리고 이제 그 기억을 떠나보낼 것입니다.

나의 다리 사이로 밀려 나온 검은 물체들을 나의 높은 에너지로 흘려보냅니다. 그것은 속도를 내며 빠르게 바닷속으로 깊이깊이 미끄러져 내려갑니다. 그리고 다시는 빠져나올 수 없는 깊고 어두운 심해의 바닷속으로 떠내려가 사라집니다.

나는 이제 편안함을 느끼며 천천히 미소 짖습니다. 이 평화로움을 잠시 느껴 봅니다. 그리고 천천히 몸을 일으켜 일어납니다. 그리고 파란 바다와 수평선을 바라보며 행복감을 느낍니다.

나는 해변을 거닐며 마음에 에너지를 열어 앞으로 만날 새로운 인연들과 좋은 일 들을 기쁜 마음으로 받아들이겠다고 선언합니다.

나는 아름다운 테라스로 돌아와 차를 마시며 여유와 휴식을 즐깁니다. 이제 나만의 세계를 충분히 즐겼다면 나는 분리의 세계로 돌아가야 합니다. 나는 지나온 고속의 '웜홀'을 되돌아 나의 육체로 빠르게 되돌아옵니다.

명상이 끝났습니다. 명상이 끝나면 천천히 몸을 좌우로 조금씩 움직여 육체를 깨웁니다. 서서히 눈을 뜨며 성공적인 '떠나보냄 명상'에 감사하며 마칩니다.

· · · · ·

이렇게 명상 속에서 오롯이 진실의 나와 자주 만나다 보면 점차 진정한 평화와 자유를 느끼게 될 것입니다. 그리고 더 나아가 본인만의 명상 방법과 공간 그리고 더 높은 차원의 연결을 스스로 찾아 발전시켜 보시면 좋겠습니다.

명상에 깊이 몰입하게 되면 다시 현실로 돌아올 때 어느 것이 진짜 세계인지 헷갈릴 정도로 생생한 의식의 차원 이동을 경험하게 될 것입니다.

나는 이 명상을 생텍쥐페리의 '어린 왕자'에서 영감을 받아 만들게 되었습니다. 독서와 명상으로 이끌리며 동시에 사건의 비산으로 마음이 심란할 때 어린 시절 읽었던 이 책을 다시 읽게 되었습니다.

책을 읽으며 나도 "나만의 별이 있으면 좋겠다."는 생각이 들었고 명상을 통해 실행하였습니다.

이것은 뇌과학에서 밝혀낸 "뇌는 현실과 상상을 구분하지 못한다."는 사실을 활용하여 만든 명상법으로 반복하면 뇌는 이 '의식 儀式'[1]을 실제로 행했다고 알게 되어 이후에는 사건들에 대한 생각이 다시 올라와도 다른 해석을 하게 되는 것입니다.

명상을 반복하면 할수록 이후에 여러분의 마음에서는 다시 그 대상이 떠올라도 이전만큼의 아픔이나 슬픔이 함께 떠오르지 않을 것입니다.

그것은 점점 강도가 약해지고 점점 옅어져 희미해질 것입니다. 시간이 지날수록 내가 감사함과 축복으로 떠나보냈기에 그 감사와 축복이 떠오를 때가 더 많을 것입니다. 이제 그것도 지나가면 신기하게도 그 사건들은 잠시 떠올랐다 그냥 사라질 것입니다.

---

1 의식(儀式) : 어떤 일을 염원하여 행하는 행사(行事) 또는 행사의 방식을 말합니다.

그럼 이제 나의 무의식이 깨끗이 정화가 된 것이며 새로운 양식을 담을 수 있게 된 것입니다. 이 명상에 나는 '떠나보냄'이라는 이름을 붙였습니다. 이 명상은 영적인 이끌림 없었다면 만들 수 없었을 것입니다.

명상의 목적은 여러 가지가 있습니다.

그중 가장 큰 의미는 '깨어남' 중에 생긴 모든 질문의 해답을 다른 누군가에게 묻거나 인터넷 검색을 통해 아는 것이 아니라 이제 나의 무의식 깊이 들어가 찾을 수 있다는 것입니다.

나의 내면과 연결된 '태초의 의식'과 만나 지혜를 얻을 수 있게 된 것은 큰 의미라고 할 수 있습니다. 이제 여러분이 '떠나보냄' 명상을 통해 자주 과거에 만들어진 감정의 쓰레기를 비우고 긍정과 사랑으로 채우다 보면 조금씩 나의 내면은 기쁨과 평화로 가득 차게 될 것입니다.

내면이 맑으면 얼굴에서 빛이 나고 여유가 뿜어져 나옵니다. 사람들은 얼굴에서 밝은 빛을 발산하며 여유가 넘치는 아름다운 영혼 곁에 머물고 싶어 합니다.

'깨어남'이 있으면 초인이나 마법사처럼 되는 건가요? 전 세계 사람들이 모인 커뮤니티에 댓글을 달아드린 적이 있었는데 누군가 이렇게 물어보는 사람이 있었습니다. 깨어남 이후에는 마치 마블의 영화 '닥터 스트레인지'와 같이 마법을 부리고 시공간을 초월하며 과거나 미래를 조정하는 존재가 될 수 있는가? 결론부터 말씀드리면 그러기에 몹시 어렵습니다.

지구가 더 높은 차원으로 차원의 상승을 이루면 가능하겠지만 우리는 시공간의 제약을 받는 3차원에 살고 있습니다. 차원적 제약을 받는 것은 앞서 말씀드린 '구분 의식' 때문입니다. 전체의식이 구분된 의식으로 인식되는 체험에서 이것을 초월하는 것은 쉽지 않기 때문입니다.

그러나 인간을 초월한 선택마저 불가능한 것은 아닙니다.

예수님께서는 자기 죽음을 미리 아시고도 자신이 가야 할 길을 피하지 않으셨습니다. 그뿐만 아니라 자신을 조롱하고 찌르고 죽인 자들마저 용서하고 돌아가셨다가 마침내 죽음에서 부활하였습니다.

부처님께서는 금 세공사의 아들인 '쭌다'에게 공양받으신 후 그 음식이 상했다는 것을 아시고도 공양의 신성함을 지키기 위해 홀로 드시고 제자들은 먹지 못하도록 하였습니다.

부처님은 음식을 드신 후 몇 분 만에 탈이나 각혈하시면서도 음식을 공양한 쭌다의 처벌을 원치 않으셨습니다. 그리고 부처님께서는 자기 죽음을 예언하시고 얼마 후 열반에 오르셨습니다.

부처님께서는 자신이 죽은 후 쭌다가 자책할 것을 걱정하여 수제자 '아난'에게 말씀을 남기셨습니다. 아난은 쭌다를 찾아가 부처님의 말씀을 전하였습니다. 쭌다여, 세존께서 당신의 공양을 마지막으로 열반에 드신 것은 당신의 큰 공덕이며 행운입니다. 쭌다여, 이 말씀은 세존께서 직접 전하신 말씀입니다. 라며 쭌다를 위로하였습니다.

부처님의 자비와 예수님의 사랑은 구분의 초월입니다.
구분을 넘어 모든 것을 사랑하고 용서할 수 있다면 마법이나 영웅이 필요하지 않습니다. 그렇기 때문에 '깨어남' 이후에는 내가 영웅이 되는 것에 관심을 갖지 않게 됩니다.

오직 어떻게 하면 내 안에 더 큰 사랑을 담을 것인가에 관심을 갖게 됩니다. 지구 체험 이후 사후 세계에는 천국이나 지옥이 존재하지 않고 기쁨과 사랑만 가득합니다. 그런데 무슨 이유로 내가 영웅이 되어 선악을 판단하고 폭력을 사용하여 악을 응징하겠습니까?

모든 것은 하나이며 구분되지 않는 것입니다.

**용서는 그들을 위해 하는 것이 아닙니다.
평화로울 나를 위해 하는 것입니다.**

@ Ilugram

체험과 풍요의 비밀

인간으로 살아가면서 돈이 싫은 사람은 아마도 많지 않을 것입니다. 인간은 3차원 물질 세상을 살면서 '돈'에 점점 더 큰 에너지를 부여 하였습니다. 이제 돈의 가치는 종교보다 더 크고 의미상 '신神' 보다 막대한 영향력을 갖게 되었습니다.

앞서 나는 좋은 에너지를 가진 사람들은 서로 모인다고 말씀 드렸습니다. 비슷한 에너지를 가진 것들은 서로를 끌어당기기 때문입니다.

하지만 인간의 염원으로 커진 돈의 에너지는 선함과 악함을 따지지 않습니다. 돈은 자기를 귀히 여기는 에너지를 좋아하고 그런 에너지를 가진 사람을 따르게 됩니다.

깨어남을 유지하는 것을 '깨어있음 Awakening'이라고 말씀드렸습니다. 대부분의 사람은 아침에 눈을 뜨고 하루를 시작하면서 아무 의식 없이 주어진 하루에 표류하며 거친 파도와 같은 인생에 휩쓸립니다.

눈을 뜨면서 시작된 걱정들은 뇌를 타고 분수처럼 터져 나옵니다. 이러면 어쩌나, 저러면 어쩌나 하며 거의 대부분 일어나지도 않을 일들을 미리 걱정하며 나의 소중한 에너지들을 갉아 먹힙니다.

'깨어있음'을 유지하는 것은 내가 아침에 일어나 오늘 하루를 살아가면서 만날 사건들에 대해 걱정으로 시작하는 것이 아니라 오늘도 완벽히 시작된 하루에 감사로 시작하는 것입니다.

그리고 나는 '태초의 의식'과 하나가 되어 "오늘 나의 하루는 이렇게 되라!" 하며 내가 원하는 명령을 하는 것입니다.

이것이 창조자로서 가져야 할 의식입니다.

깨어난 사람의 영적 에너지는 '태초의 의식'과 닿아 있어 그 에너지가 측정할 수 없을 만큼의 큰 파장을 만들어 냅니다. 깨어남이 있은 후에는 부를 이루고 돈을 갖는 것에 대해 생각이 완전히 달라집니다.

일반적으로 우리는 부를 이루기 위해 열심히 노력하고 노동하여 번 돈을 모아 증식하여 자산을 형성합니다. 그리고 형성한 자산이 은퇴 이후에 나를 위해 일하도록 만들어야 한다고 생각합니다.

그것 마저도 주택구입으로 인한 높은 대출이자와 자식의 미래를 위한 투자로 이리 저리 뺏기는 일이 다반사입니다. 그렇게 하루하루 살다 보면 어느새 노후가 시작되고 나이가 들어도 노동에서 은퇴하지 못하고 이런저런 소소한 일들을 하며 생계를 유지해야 하는 비참한 노후를 맞이하게 될 것입니다.

열심히 일해 성공한 사람 중에는 젊어서 열심히 일하느라 무리하게 미리 당겨쓴 건강이 문제가 됩니다. 성공을 위해 밤낮을 가질지 않고 일하며 건강을 돌보지 않았던 것입니다. 이제는 부를 누릴 수 있는데 아픈 곳이 많아 누릴 수 없는 상태가 되는 것입니다.

그러나 여러분이 깨어남에 이른 후에 돈은 나의 의식과 무의식의 에너지가 원하는 만큼 끌어당긴다는 것을 알게 될 것입니다. 그러려면 우선 돈에 대한 나의 무의식이 변해야 합니다.

부를 이루고 부를 누리는 것을 일부 종교나 경전에서 경계하는 것을 우리는 많이 볼 수 있습니다. 돈이 많아지면 돈이 가진 에너지가 커서 '깨어남' 이후에도 돈에 휘둘리기 쉽기 때문입니다.

깨어남 이후에도 돈을 향한 욕망의 에너지는 줄어들지 않고 점점 더 커지기 쉽습니다. 그렇기에 본연의 의식에서 멀어지는 것을 경계하라는 것일 뿐 돈 자체가 나쁜 것은 아니라는 것을 여러분은 기억하시기 바랍니다.

여러분이 좀 더 선택의 폭이 넓은 풍요로운 삶을 원한다면 지금부터 돈과 사랑에 빠져야 합니다. 돈은 자기를 존중하고 좋아하는 사람에게 더 많이 만들어지게 됩니다. 지금부터 여러분은 돈에 대한 마음을 바꾸고 다음과 같이 선언하기를바랍니다.

돈은 나의 삶에서 선택의 폭을 넓게 만들어 주며 나의 자존감을 높여주는 좋은 것이다. 내가 합리적으로 지출하는 돈은 세상에 활력을 불어넣어 우리의 삶을 즐겁게 만들어 주는 좋은 것이다.

내가 지혜롭게 사용한 돈은 언제나 10배가 되어 나에게 되돌아올 것이다. 돈은 항상 내가 필요한 만큼 모여들고 생각한 만큼 만들어질 것이다. 나는 돈을 사랑하며 돈도 나를 사랑한다.

이렇게 돈을 좋은 것으로 인식하고 친근하게 받아들여야 합니다.

그리고 나에게 필요한 돈은 꼭 만들어진다는 자연스러운 믿음을 가지시기를 바랍니다. 믿음이 내면에 자리를 잡고 풍요가 나의 무의식에 각인되어 자연스럽게 진동을 일으킬 때 비로소 돈은 자연스럽게 이끌려 필요한 만큼 만들어진다는 것을 알게 될 것입니다.

그러나 이것은 단기간에 성공하지 못할 것입니다. 돈을 잘 끌어당기려면 나의 무의식에 돈에 대한 부정적인 생각이 다 비워져야 합니다. 그리고 비워진 무의식에 돈에 대한 사랑이 가득할 때 비로소 나는 부의 에너지와 같은 진동을 일으킬 것입니다.

의식적인 행동은 쉽게 만들 수 있지만 무의식에 원하는 관념을 입력하는 것은 끈질긴 노력이 필요합니다.

다음은 무의식에 만들어진 돈에 대한 트라우마가 우리의 삶에 어떻게 영향을 끼치는지 예를 들어 알아보겠습니다. 아래의 글을 읽으면서 나의 무의식에는 돈이 어떤 이미지로 저장되어 있는지 생각해 보시기 바랍니다.

・・・・・

우리는 어린 시절 부모와 함께 살면서 부모들의 행동과 말의 영향을 받아 무의식을 지배받는 경우가 많습니다.

여기 싸움을 자주 하는 부부가 있습니다.

이들은 다툼이 있을 때 부인은 남편에게 항상 돈을 적게 벌어 준다며 타박하였습니다. 남편은 아내에게 돈을 계획성 있게 사용하지 못한다며 맞받았습니다.

자신은 돈을 충분히 벌어 주는데 아내가 지출 관리를 못 한다고 생각하는 것이었습니다. 이들은 부부는 싸움할 때마다 그렇게 본인들의 성격 차이를 돈에 누명을 씌웠습니다. 부부 사이가 좋지 못한 것은 돈과는 아무런 상관이 없습니다.

서로 아끼고 사랑하는 부부라면 일시적인 어려움 때문에 싸우지 않습니다. 인생에는 굴곡이 있기 마련입니다. 남편의 직장이 어려움을 겪어 갑자기 급여가 나오지 않거나 감원 등으로 하루아침에 직장을 잃을 수도 있습니다.

사업이나 자영업을 하는 사람들은 더 다양한 외부요인으로 생활비를 주지 못할 때가 있기 마련입니다. 부부 사이가 좋은 가정에서는 그때 조용히 아내가 일자리를 찾아 어려운 남편을 도와 가정을 돌봅니다. 남편도 집안일을 더 적극적으로 돕고 아이들을 돌보게 됩니다.

아이들도 그런 부모님을 보면서 조금 더 용돈을 아껴 쓰고 아르바이트를 시작하여 부모님을 돕고자 합니다. 남편은 이런 고마운 가족들의 모습을 보면서 다시 도전할 힘이 생기는 것입니다.

이렇게 힘든 시기가 인생에 한 번은 반드시 있기 마련입니다.

위기에서도 온 가족은 한 팀이 되어 서로에게 힘이 되고 어려운 상황을 함께 돌파하게 되는 것입니다. 의식적으로 살지 않는 사람들의 인생은 롤러코스터를 탄 것처럼 삶의 풍파에 휘둘리게 됩니다.

전자의 부부는 돈에 누명을 씌우다 못해 집안의 집기를 부수고 서로 폭력을 사용하기도 합니다. 부모가 싸우면 아이들의 내면에서는 전쟁이 일어납니다. 어쩔 수 없이 나의 반쪽은 어머니이고 나머지 반쪽은 아버지입니다.

사이가 나쁜 부부의 아이들은 그런 부모를 보며 빨리 어른이 되어 이 불안한 집에서 벗어나고 싶습니다. 가장 안타까운 것은 이 아이는 미래에 성공하여 돈을 많이 벌어도 돈이 모여들지 않습니다. 이 아이는 버는 돈을 모두 흥청망청 써버리고 항상 궁핍한 상태가 되는 경험을 하게 됩니다.

그 이유는 이렇습니다. 아이의 무의식에 돈은 싸움의 근원이기 때문입니다. 이 아이는 자신에게 돈이 있으면 불안합니다. 이 아이는 돈을 모아 더 나은 미래를 준비할 의지가 없습니다. 그래서 아이는 항상 궁핍한 삶을 살아가게 됩니다. 이것의 무서운 점은 이 상처가 나뿐만 아니라 대대로 트라우마를 만들고 자신에게서 자녀에게로 대물림 된다는 것입니다.

아이는 가정을 이루고 자녀를 낳고 살아도 부모님과 거리를 두고 찾지 않으려 합니다. 자신의 무의식에 불안감과 폭력성 그리고 돈에 대한 미움을 잔뜩 심어준 부모를 보는 것을 좋아하지 않는 것은 어쩌면 당연한 것일지도 모릅니다.

그 아이의 부모는 손자 손녀를 자주 보고 싶어도 볼 수가 없습니다. 자녀들은 부모님을 보기만 하면 불안하고 내면에서는 끔찍한 전쟁이 일어나기 때문입니다.

그러나 서로 아껴주고 사랑하는 가정의 자녀들은 성장하여 부모님을 자주 보고 싶고 찾아가고 싶습니다. 부모님을 찾아가 부모님이 서로 아껴주고 배려하는 모습을 보면 나의 내면에서는 항상 사랑이 샘솟고 열심히 살아갈 용기가 생깁니다.

이것은 대대손손 이어지며 큰 성공과 사랑을 만들어 낼 것입니다.

· · · · ·

이 밖에도 돈에 대한 많은 종류의 트라우마가 있을 것입니다.

위의 사랑이 부족한 가정의 예는 흔히 대물림 되는 돈에 대한 누명 씌우기입니다. 많은 사람이 겪어왔고 지금도 계속되어 풍요로운 삶에 이르지 못하게 막는 무서운 트라우마입니다.

어쩔 수 없이 나는 부모님의 반반입니다.

나의 무의식 안에서 돈은 싸움의 근원이며 전쟁의 불씨로 입력되어 있다면 결국 나는 가진 돈을 모두 소비하며 기쁨을 느끼게 됩니다. 심한 경우는 아예 돈 버는 일 자체를 거부하는 지경에 이르고 홈리스[1]가 되는 사람도 있습니다.

나의 내면에 돈에 대한 정의가 어떻게 저장되어 있는지 그것을 아는 것만으로도 돈에 대한 'Ssal'은 달라집니다. 많은 사람에게 돈에 관한 다양한 트라우마가 숨어있는데도 본인들은 그것을 평생 알지 못하고 살아가는 사람들이 대부분입니다.

안다는 것은 이제 그것으로부터 벗어 날 기회가 생긴 것입니다. 앞서 돈은 필요한 만큼 만드는 것이라고 말씀드렸습니다. 그러나 트라우마가 있는 사람은 아무리 돈에 대해 원하고 Ssal을 그려도 그것이 나의 무의식에 가로막혀 현실이 되지 못하는 경우가 대부분입니다.

---

[1] 홈리스(Homeless) : 고정적인 자신만의 거주지 없이 외부에서 숙박을 해결하는 사람 노숙인 전반을 일컫는 단어 입니다. 위키백과 wikipedia.org

나는 의식, 무의식적으로 돈을 끌어당기는 자석이 되어야 합니다.

그런데 나의 의식에서는 돈을 좋아하고 원하지만 내 무의식 안에서는 돈이 불편하고 무서운 것이라면 돈은 그것을 바로 알아차리고 그 사람 곁에는 가까이 가지 않습니다.

에너지들은 같은 에너지를 정확히 알아냅니다. 물과 기름은 섞일 수없고 돈과 두려움은 섞일 수 없습니다. 몸집이 작은 미물들도 자신을 두려워하면 으르렁거립니다.

하물며 인간에게 가장 인기가 높은 돈은 어떻겠습니까? 여러분에게 돈에 대한 트라우마가 있다면 앞서 소개해 드린 '떠나보냄 명상'을 통해 나에게 돈에 대해 그릇된 무의식을 심어준 대상을 용서하고 이제 기억의 전부를 멀리 떠나보내시기 바랍니다.

트라우마의 정도에 따라 그것이 해소되는데 걸리는 시간은 다 다릅니다. 한 달이 걸릴 수도 또는 몇 년이 걸릴 수도 있습니다. 그러나 그것이 해소되기 전까지 나는 영영 돈과 함께 춤을 출 수 없습니다.

다시 말해 함께 진동할 수 없다는 의미입니다.

'떠나보냄 명상'을 자주 많이 할수록 여러 종류의 트라우마를 찾고 극복하는 것에 큰 도움이 될 것입니다. 무의식에서 돈에 대한 트라우마가 치유되고 기쁨과 행복으로 채우면 돈은 원하기만 하면 어떠한 계기가 되었든지 신기하게 만들어질 것입니다.

이렇게 돈이 만들어지는 방법과 원리를 알고 나면 이제 내면의 상태를 관리하는 것이 얼마나 중요한지 알게 될 것입니다. 만약 요즘 나의 삶이 경제적으로 여유가 없어졌다면 명상을 통해 나의 내면에 돈의 위치가 어떠한 처지에 놓여있는지 찾아야 합니다.

찾다 보면 그동안 해소되었다고 생각했던 예전 트라우마가 다시 올라오는 경우도 있고 새로운 트라우마가 생기거나 여러 가지 이유로 무기력한 상태가 되었거나 등의 상태일 것입니다.

만약 극심한 스트레스와 육체 피로가 심해져서 쉬고 싶다는 마음이 강해지면 염원이 되어 무의식에 저장됩니다. 그 상태가 되면 스트레스의 원인이 되는 활동을 잠시 멈추고 육체에 충분한 휴식을 제공해야 합니다.

염원이 해소되지 않으면 돈은 절대 나의 곁에 오지 않습니다. 이제 시간이 흘러 많은 부분의 트라우마 해소로 'Ssal'에 대한 그림을 자유롭게 그리고 돈을 만드는 법을 조금씩 느끼고 체험했다면 이제 돈을 받아들이는 무의식의 크기를 크게 키워야 합니다.

예로부터 동양에서는 그것을 돈의 그릇이라고 말했습니다.

우리는 되도록 아주 큰 공간을 마음속에 자주 그려서 그것이 무의식에 각인되도록 하는 것이 목표입니다. 그래서 앞으로 이 공간을 내 무의식에 큰 방으로 생각하면 좋을 것 같습니다.

나의 무의식에 큰방을 각인되도록 하기 전 현재의 무의식에 저장된 돈의 공간이 어떤 크기인가를 아는 것이 중요합니다.

어떤 사람은 100달러로 한 달 만에 10000달러를 만들 수 있는 사람이 있는 반면에 어떤 사람은 100달러를 하루도 지나지 않아 다 탕진하는 사람도 있을 것입니다.

나의 무의식에 돈을 담는 방의 크기는 얼마나 될까요?

나의 무의식 속에 숨겨진 '돈 의식'을 알아보기 위해서는 우선 살아오면서 벌었던 돈에 대한 흐름을 노트에 적어보는 것입니다. 일정 기간의 총수입과 총지출, 현재 총자산과 총부채를 대략 적어보시기를 바랍니다.

그리고 그동안 자산을 형성하기 위해 실행했던 저축과 투자 등의 성공과 실패 사례를 최대한 많이 적어보시기를 바랍니다. 너무 많아서 정리가 어렵다면 최근 3년간의 상황이라도 적어 보시기를 바랍니다.

이렇게 나의 수입과 지출, 돈을 증식하는 방식 등을 적어보면 나와 돈에 대한 현재의 의식 상태를 파악해 볼 수 있습니다. 수입이 문제인지, 지출이 문제인지 아니면 투자나 증식의 문제인지 현재 상태를 파악하는 것만으로도 현재 나의 무의식에 자리한 돈의 방이 가진 크기를 대략 알 수 있을 것입니다.

나의 무의식에 '돈의 방'이 내가 원하는 것보다 작다면 방의 크기를 키워야 합니다. 그 방법의 하나는 '떠나보냄 명상'을 활용하는 것입니다. 떠나보냄 명상에서 만든 '나만의 별'에 건축물들을 만들어 활용해 보았다면 이제 내가 원하는 크기의 방을 만들어 보시기 바랍니다.

호텔의 행사장만큼 넓고 천정이 높은 화려한 방을 만들어 그곳에 원하는 만큼의 돈을 채우고 사용하는 연습을 할 것입니다.

이제 여러분이 앞서 적어본 결과를 통해 앞으로 보완해야 할 것이 무엇인지 알 수 있게 되었을 것입니다. 부자가 되기를 희망하고 원한다면 문제를 반드시 찾아야 합니다. 그런데 돈의 의식에서 보완해야 할 문제점을 찾다 보면 대부분의 사람은 경제 지식을 충분히 가지고 있지 않다는 것입니다.

여러분이 경제학이나 회계학을 전공하지 않았다면 대부분 공감하실 것입니다. 우리가 유년기에서부터 현재까지 배운 정규 과정에는 돈과 부에 대한 교육이 많지 않았다는 것을 알고 있을 것입니다.

부자가 되기를 그렇게 바라고 원하는데 제대로 배운 적이 없다는 것은 참으로 아이러니한 일입니다. 부를 이룬 사람들의 공통점은 돈에 대해 적극적으로 배우고 자산을 증식하기 위해 지식을 실행한다는 것입니다.

복권에 당첨되어 큰돈이 생기지만 머지않아 파산하는 사람들과는 달리 그들은 한 번에 큰돈이 들어와도 규모 있게 사용하는 방법을 알고 있습니다. 그리고 항상 부를 유지하며 돈을 내 편으로 만드는 방법을 실행하고 있습니다.

우리도 평소에 돈을 관리하고 투자하는 방법에 대한 지식을 쌓고 공부하는 것을 취미로 삼아야 합니다. 틈만 나면 경제에 대한 채널이나 부동산 채널 등을 보고 듣는 것을 일상화해야 합니다.

'Ssal'을 통해 원하는 돈을 그리고, 그것을 받을 준비를 하는 것입니다. 돈을 받는 것도 준비와 연습이 필요합니다.

떠나보냄 명상에서 만든 깊은 '내면의 차원'으로 들어가 돈의 방에 머무르며 평소에 자주 큰돈이 들어왔다고 가정하고 사용하는 연습을 해보는 것이 좋습니다.

이제 돈에 대한 지식이 어느 정도 채워졌다면 자산이 자산을 만드는 원리를 알게 될 것입니다. 그럼 큰돈이 들어왔을 때를 대비하여 나의 자산 구성은 어떻게 할 것인가? 계속 수입의 창출은 무엇으로 할 것인가? 지출에 대한 통제와 관리 도구는 무엇으로 할 것인가?

투자와 절세에 대한 대비는 어떻게 할 것이며 누구로부터 자문을 구할 것인가? 등의 실전 연습을 해보아야 합니다. 이런 연습을 통해서 무의식에서 먼저 큰돈도 나와 친근해지도록 만들고 익숙해져야 합니다.

그다음 실제로 내가 원하는 'Ssal'이 현실이 되어 부가 모여들고 있을 때는 나에게 발생하는 불필요한 노동력과 낭비되는 시간을 줄이는 노력을 해야 합니다.

나의 일상을 여유롭게 바꿔 좀 더 많은 시간을 명상과 Ssal에 사용할 수 있도록 환경을 구성하는 것은 더 큰 부를 위한 선순환을 만들어 줄 것입니다. 그것은 가족과 더 많은 시간을 보내거나 독서 시간을 늘리는 등 풍요로운 삶을 유지하기 위한 밑거름으로 작용할 것입니다.

우선 주거지를 다니던 직장이나 운영하던 사업장에서 더 가깝고 더 좋은 환경으로 바꿔 이동 시간을 줄이는 구상을 할 수 있습니다.

마트에 가서 보던 장보기를 조금 더 여유 있게 정기 구매와 온라인 배송을 활용하여 시간을 단축할 수 있습니다. 매일 신경 쓰며 해야 하던 집 안 청소도 로봇 청소기와 식기세척기를 구입하여 가사노동의 시간을 단축할 수 있습니다.

그리고 좀 더 여유가 생긴다면 집안일을 도와줄 가사 도우미나 컨시어지 서비스를 활용할 수도 있습니다. 개인비서나 업무 비서를 고용하는 것도 좋은 방법입니다.

해외에서 유학온 저소득 국가 출신 인재들 중 언어소통이 원활하고 문서 작업이 가능하지만 이곳에서의 취업을 어려워하는 사람들이 많이 있습니다. 그들을 고용하면 생각보다 합리적인 급여로 당신은 반복된 업무나 노동에 들이는 시간을 30% 이상 줄일 수 있을 것입니다.

그다음은 나를 위한 사치에 대해 관대해져야 합니다.

주거 공간이 현재보다 몇 배로 커지고 그것이 주는 편안함과 혜택을 무의식에서 허락해야 합니다. 더 크고 좋은 차를 타는 것이 사치이며 심한 경우는 부를 누리는 것 자체를 죄악이라고 여기는 뿌리 깊은 가짜 의식이 있다면 그것을 다 찾아내어 비우고 깨끗이 씻어내어야 합니다.

나는 크고 안전한 명품 자동차를 탈 자격이 충분하다고 무의식에 새겨지도록 반복하여 생각하시기 바랍니다. 부를 창조하고 부를 누리는 것은 죄악이 아닙니다. 그것은 오히려 축복입니다.

부를 누릴 수 있는 선한 방법의 하나는 내가 다른 사람의 삶에 '얼마나 많은 도움이 되는가?'에 따라 부가 허락된다는 것입니다. 다시 말해 부와 성공은 내가 추구한 창조적 삶이 얼마나 더 많은 사람에게 좋은 체험과 경험을 제공하는가에 따라 결정이 된다는 것입니다.

앞서 말씀드린 것과 같이 우리가 인간의 육체에 깃든 목적은 분리 속에서 얼마나 창조적으로 살면서 사랑을 체험하는가에 대한 것이라고 말씀드렸습니다.

한가지 예를 들어 설명하겠습니다. 제이미는 지도를 만드는 사람입니다. 제이미는 지도를 만들어 휴대폰 앱으로 지도 서비스를 제공합니다. 어떤 사람은 이 지도를 사용하여 여행합니다.

또 다른 사람은 지도를 이용하여 내 상점의 홍보를 원하기도 합니다. 국가는 지도를 사용하여 도시계획을 할 수 있습니다. 지도를 이용하는 사람은 그 지도를 사용하여 더 많은 경험과 체험을 만들어 내고 다양한 삶의 이야기를 만들어 냅니다.

이것은 3차원 지구에서 부를 이루는 선한 방법의 하나입니다.

그는 지도라는 창조적 서비스를 통해 많은 사람이 다양한 체험을 할 수 있도록 돕고 있는 것입니다. 나의 경제 활동이 타인에게 '얼마나 많은 새로운 체험을 제공하는가?'에 따라 나의 부의 크기는 결정됩니다.

만약 내가 제공한 재화나 서비스가 기본적인 서비스를 넘어 2차, 3차…의 파생적 체험을 만들어낼 수 있다면 나에게는 더 큰 부가 허락될 것입니다. 이것은 다른 사람에게 '얼마나 많은 창조적 영감을 제공하는가'와 깊은 관계가 있습니다.

나의 서비스를 이용하는 이용자들에게 완전히 새로운 라이프 스타일을 제공한 경우가 이것에 해당합니다.

음식 배달을 위한 앱 서비스가 그 예가 될 수 있습니다. 배달앱 서비스는 지도 서비스를 기본으로 하여 구매자와 음식점을 연결합니다. 과거와 달리 전화로 주문할 필요가 없어 주문자도 편하고 음식점 사장님도 전화를 받는 시간과 노동력을 줄일 수 있습니다.

그뿐만 아니라 주문이 완료되면 주문자는 음식의 조리에서부터 배달과정과 도착까지 실시간으로 알 수 있어 아주 편리합니다.

지도 서비스에서 시작된 체험이 배달서비스 앱으로 발전되고 주문자들과 음식점 그리고 배달 라이더들을 비대면으로 연결하여 2차, 3차의 새로운 라이프 스타일과 일자리를 창출할 수 있게 되는 것입니다.

영성의 분야에서도 만약 누군가가 깨어남과 뇌과학, 양자역학 그리고 명상과 메타버스를 융합한 새로운 서비스 세계를 구현할 수 있다면 전 세계는 기존에 없던 새롭고 경이로운 체험이 가능하게 되어 제공자는 천문학적 부를 이룰 수 있을지도 모릅니다.

이제 여러분은 부에 대한 새로운 이해가 생겼을 것입니다. 그런데 나는 사람들에게 체험을 주는 어떠한 배움이나 기술도 없어서 부를 이루는 것과 거리가 멀다고 생각하는 분들이 있을 수 있습니다. 그런 분들도 걱정할 필요는 없습니다.

당신이 명상과 'Ssal'에 집중하다 보면 '태초의 의식'은 당신이 부에 이를 수 있도록 독특한 영감을 주거나 새로운 계기를 열어 당신이 원하는 Ssal이 실현되도록 이끌어 줄 것입니다.

우리가 Ssal을 행하여 원하는 것을 얻으려고 할 때 가장 주의해야 하는 것은 눈앞에 놓인 현실로 의식이 분산되는 것입니다. 현실과 내가 원하는 것에 아주 큰 차이가 있더라도 당신은 Ssal에서 본 미래에 집중해야 합니다. 그리고 그것이 '있음'의 상태에 계속 머물도록 기쁨과 사랑을 느끼고 유지하시기를 바랍니다. 그럼 거룩한 시간이 지나고 'Ssal'은 그곳으로 당신을 옮겨 놓을 것입니다.

현실이라고 믿는 모든 것은 자신이 설계한 흥미로운 여행코스

여러분이 현실이라고 믿고 있는 눈앞에 놓인 모든 어려움은 당신이 설계한 흥미로운 여행코스에 지나지 않습니다. 시간이란? 3차원의 체험에서 차원 이동을 막아 순수한 체험의 데이터를 만들기 위한 기본계획입니다. 따라서 여러분이 느끼는 1년, 3년 또는 5년의 지루한 시간을 견뎌내야 합니다.

만약 이 책을 읽으시는 독자 중에 부를 타고나서 부족함 없이 사는 혼의 로드맵을 가진 분이라면 '깨어남'의 마스터가 되어 세계의 평화와 의식의 차원 상승을 위해 명상과 선한 Ssal에 집중해 주시기를 부탁합니다.

지금도 지구에는 보이지 않게 세계의 평화와 질서를 위해 기도하는 영적 스승들이 많습니다. 그들의 기도와 헌신으로 아직 지구는 새로운 '리셋 Reset'[2]을 맞이하지 않는 것일지도 모릅니다.

'깨어남'에 이르면 일류를 위한 선한 목표를 마음에 품게 됩니다. 그러나 '부富'를 소유하지 않으면 그 어떤 나눔도 베풂도 할 수가 없습니다. 선한 사업도 3차원 세상에서는 돈으로 해야 합니다.

우리는 Ssal을 그려 부를 이루고 선한 목표를 향해 나아가야 합니다.

---

[2] 지구 리셋 (Earth Reset) : 지구의 대 멸망과 문명의 탄생이 반복된다는 설로 2014년 터키에서 발견된 유적 '괴베클리 테페' 유적 등이 그 증거라는 주장이 제기되고 있습니다. 이것은 초고대 문명이면서 그 시대에 만들어졌다고는 상상하기 힘든 계획도시가 발견된 것으로 학계에 비상한 관심을 끌고 있습니다.

In his time

나는 9살 무렵 옆집에 사는 친구를 따라 교회를 처음 가 보았습니다. 그 교회는 네모반듯한 3층 건물에 있는 작은 교회였습니다. 교회는 맨 위층인 3층에 있었습니다.

저학년 초등생이었던 나는 예배가 끝나면 모여서 함께 노래도 부르고 율동도 배웠습니다. 나는 그 시간이 참 좋았습니다. 가끔은 몇 명씩 나뉘어 성경을 공부하기도 하고 간식을 나눠 먹기도 했는데 그 시간을 어른들은 교회 학교라고 불렀습니다.

고등학생이 되었을 때는 작은 도시 교회에서 CCM 밴드를 만들었는데 나는 수요일마다 그곳에서 기타를 연주했습니다. 그때 연주했던 곡 중 'In his time'(주님의 시간에)[1] 이라는 곡이 있었습니다.

**주님의 시간에 주의 뜻 이루어지니 기다려 하루하루 살 동안
주님 인도하시니 주의 뜻 이룰 때까지 기다려**

이렇게 시작하는 곡이었습니다. 깨어남 후에 이 곡은 내 마음에서 자주 울려 퍼졌습니다. 'Ssal'을 그리고서 그것이 원하는 기간에 현실이 되지 않을 때 초기에는 조급함이 생기고 불안한 마음이 들 때가 많았습니다.

어떤 것은 쉽게 원하는 대로 현실이 되고 어떤 때는 집중을 넘어서 몰입하는데도 원하는 때에 현실로 만들지 못해 좌절한 적도 있었습니다. 그때마다 마음속 깊은 곳에서 이 노래가 울려 퍼졌습니다.

나는 우주의 창조 시스템이 구체적으로 어떤 과정을 거쳐 현실에 만들어지는지 그 과정과 원리는 아직 모릅니다. 그러나 우리가 원하는 창조가 3차원 세계 안에서 나타나기 위해서는 적당한 때가 오기까지 믿음 안에서의 기다림이 필요하다는 것을 깨달았습니다.

시간은 존재하지 않습니다. 그러나 체험에 필요한 과정을 위해 우리가 느끼는 시간의 구분은 존재합니다. 적어도 인간인 우리는 그렇게 느낍니다. 모든 데이터는 이미 우주의 시작과 동시에 펼쳐져 다차원의 경로로 존재하고 있습니다.

---

1 In His Time : Artist - Diane Ball (1941/Album: WoW Worship, Blue)

과학은 이미 시, 공간과 물질을 구분할 수 없다는 것을 아인슈타인의 중력장 방정식을 통해 검증하였습니다. 우리가 펼치는 Ssal의 '비전 Vision'은 현재의 차원과 동시에 여러 개의 새로운 차원과 연결됩니다. 따라서 평온 속에서의 기다림은 강력한 믿음이며 창조를 완성합니다.

그러나 조급함이 생기면 믿음은 약해지고 온갖 생각의 마귀들이 나를 집어삼키려 달려들었습니다. 그런데 신기하게도 그때마다 내면에서 "주님의 시간에 주의 뜻 이루어지니 기다려"하며 이 노래가 마음에 울리며 평화를 주었습니다.

오직 '태초의 의식'만이 우주의 모든 차원을 조율할 수 있습니다.

그리고 그와 우리는 영적인 힘으로 Ssal을 그려 원하는 무엇이든 창조할 수 있습니다. 그러나 그것이 현실에 구현되려면 "In his time" 조금의 기다림이 필요합니다. 그 기다림의 기간 동안 기쁨과 평화 속에서 태연히 깨어 있을 수 있다면 승리는 언제나 당신의 편일 것입니다.

Ssal은 당신이 바라보는 그 순간 바로 존재하기 때문입니다. 이처럼 '깨어남' 이후에 영적인 힘은 내가 더 높은 의식으로 인도되는 것을 느끼도록 이끌고 여러분을 훈련할 것입니다.

다음은 영적으로 훈련되는 방식의 예입니다.

만약 여러분이 낯선 곳을 여행하다 한 숲속에서 버려진 나무상자를 발견하였습니다. 그런데 놀랍게도 그곳은 2차원의 존재들이 생명을 가지고 살아가는 작은 세계였습니다. 이들의 세계는 아주 단순하고 이동조차 단조로웠습니다. 그런데 당신이 2차원의 객체를 관찰하던 중 그 존재에게 문제가 생겼습니다.

당신에게 그것은 아주 쉽고 보잘것없는 일인데 2차원의 존재는 그 일을 며칠째 거듭하여 시도하고 있습니다. 그러나 그의 도전은 번번이 실패하였습니다.

만약 당신이 그에게 도움을 주기 위해 그의 도전에 개입하고 싶다면 당신은 어떤 방법을 사용하겠습니까? 당신은 그에게 대화를 시도해 보았지만 말을 알아듣지 못합니다. 그런데 다행히 그는 소리 자체에는 반응하였습니다.

그래서 그가 행동할 때 잘하면 손뼉을 한번 쳐주고 잘못하면 빠르게 두 번 쳐서 경고해 주었습니다. 그랬더니 그는 나와 함께 빠르게 문제를 해결하였습니다.

5차원 이상의 존재들이 보기에는 우리도 마찬가지입니다.

그들에게 우리는 미개한 문화를 가진 존재입니다. 21세기인 지금 먼지보다 작은 지구 행성에서 인간은 자국의 이익을 위해 전쟁을 일으켜 무고한 사람들을 죽이고 개인의 권력을 유지하기 위하여 다른 사람들의 자유를 억압하고 노동력을 착취합니다.

현재의 지구 과학과 영적 의식으로는 5차원 이상의 존재들을 볼 수 없습니다. 그들은 높은 주파수의 영역에 머물고 있기 때문입니다. 그들은 텔레파시와 유사한 의사소통을 사용하기 때문에 언어와 소리가 필요하지 않습니다. 그래서 우리는 그들의 소리를 들을 수 없는 것입니다.

그들은 우리 주변의 모든 것을 활용하여 우리에게 가르침을 주려고 노력합니다. 우리가 알고 있는 기도는 보이지 않는 존재에 대한 강력한 믿음이며 고차원의 통신 방법입니다.

예를 들어 기도가 문자를 보내는 통신 수단이라면 'Ssal'은 영상을 보내는 더 진보된 통신 방법이라 할 수 있습니다. 우리가 Ssal을 그리면 그 염원이 시스템에 전송되고 시스템은 새롭게 창조된 현실을 만들어 내는 것입니다.

만약 5차원 이상의 존재가 당신의 삶을 돕고자 합니다. 그럼 어떤 방법을 사용할까요? 그들은 나에게 필요한 내용이 담긴 노래로 영감을 불어넣어 가르침을 주고 때로는 위로해 주기도 합니다. 때로는 내 주변 인물들의 입을 빌려 어려운 선택을 돕기도 할 것입니다.

그리고 화장실 벽에 붙어있는 몇 줄의 '시詩'를 볼 수 있도록 하여 선한 목표를 갖도록 유도할 것입니다. 그리고 당신이 보게 되는 몇몇 광고를 통해 당신의 삶에 새로운 영감을 갖게 할 수도 있습니다.

다시 말해 당신 주변의 모든 것들을 사용하여 깨달음과 가르침을 줄 수 있는 것입니다. 그러나 그들은 당신이 개입을 원할 때 만 삶에 개입할 것입니다.

여러분이 선한 목표를 가지고 그들의 지혜를 사용하고자 하면 그들은 당신의 의식을 높이기 위해 깨달음과 조언을 아끼지 않을것입니다. 만약 당신이 그것을 원한다면 "나는 모든 우주의 영적 멘토로부터 가르침과 도움을 받겠다."고 마음속으로 선언하시기 바랍니다.

그러면 그들의 영적인 가르침은 서서히 시작될 것입니다. 오래전부터 우리는 그러한 존재들을 수호천사 또는 요정 등의 이름으로 불러왔습니다.

나는 오래전 별빛에 이끌려 사랑이 되었던 것을 잠시 잊고 살았었습니다. 그리고 나에게는 힘겨운 일들이 여러 번 찾아왔습니다. 다시 깨어남에 이끌리는 시기에 '태초의 의식'과 '멘토'들은 나를 명상의 세계로 이끌었습니다.

그리고 얼마 후 명상이 익숙해지고 다음은 나를 독서에 빠지게 하였습니다. 나는 그 시기 1년 동안 읽은 책의 분량이 그 이전 30년간 읽었던 독서량보다 훨씬 더 많습니다. 독서로 이끌리던 나는 의식이 점점 '깨어남'으로 옮겨가는 것을 느꼈습니다.

당시의 영적 이끌림은 신비롭고 기쁜 마음이면서 동시에 현실의 매트릭스를 느끼게 하여 이질감과 혼란에 빠지게 하였습니다. 그러나 주변에 가족과 지인에게도 깨어남에 관해 이야기는 할 수는 없었습니다.

처음에는 내가 이끌리는 이 신비로운 체험을 친한 친구들과 나누어 보려고도 했지만 쉬운 일이 아니었습니다. 나의 영적인 경험을 말하면 친한 친구들마저 내가 너무 스트레스가 많은 것 같다고 말하며 정신과 치료를 권하였습니다.

나 또한 나의 이야기를 들을 때 친구들의 얼굴에서 보여지는 낯선 표정에 놀랐고 공감을 나눌 수 없는 이 상황이 실망스러웠습니다. 나는 혼란 속에서 정신적 피폐함이 극에 달했습니다.

나에게는 평화가 필요했습니다. 고요한 방 안에서 나는 깊은 명상에 돌입하였습니다. 잠시 후 나의 깊은 곳에서는 음악 하나가 플레이되었습니다. 외국곡이라 나는 멜로디만 알 수 있었습니다. 그 이후에 더 자주 이 멜로디가 내면에서 피어올랐습니다.

그러나 나는 명상에 집중하기 위해 이 노래를 흘려보내야 했습니다. 그러던 어느 날 이 노래의 멜로디는 멈출 줄 모르고 자꾸만 내면에서 다시 울려 퍼졌습니다. 나는 그때 이 노래에 뭔가 메시지가 담겨 있다는 것을 직감하게 되었습니다.

그래서 나는 이 곡의 가사를 찾아보았습니다.

Imagine there's no heaven (천국이 없다고 상상해보세요)
It's easy if you try (시도해 보면 쉬운 거예요)
No hell below us (우리 아래엔 지옥도 없고요)
Above us only sky (위에는 오직 하늘 뿐이에요)
- John W Lennon 존 윈스턴 레넌의 곡 Imagine 중에서...

이 노래는 더 비틀스의 멤버 존 레넌의 노래 Imagine입니다. 나는 이 곡의 가사를 찾아보고 감동하여 눈물을 흘리고 말았습니다. 이 노래의 가사는 내가 겪는 모든 것을 어루만지고 위로해 주었습니다.

여러분 중에는 이미 이 곡을 아는 분들도 많을 것이라 생각됩니다. 혹시 모르는 분이 계신다면 이 곡의 전체 가사를 꼭 찾아보시기를 추천하겠습니다. 이 곡은 마치 "너는 혼자가 아니야. 우리는 항상 너와 함께 있어."라고 나에게 말해주는 것 같았습니다.

이 가사는 내가 살아가야 할 삶에 큰 가르침과 위로를 주었습니다.

그 이후로부터는 자주 명상 중 여러 종류의 노래가 내면에서 피어올라 신비 한 체험을 하고 있습니다. 여러분도 의식을 열어 그들의 가르침을 받겠다고 선언하기를 바랍니다.

그러면 신비한 이끌림에 의해 영적 존재들의 깊은 가르침을 받게 될 것입니다. 당신은 그들로부터 창조적 능력을 개발하면서 선한 목표를 갖게 되고 당신의 영적 능력은 점점 발전하게 될 것입니다.

그 과정 중에 만약 당신이 힘들고 지칠 때면 그들은 아름다운 노랫말로 당신에게 위로를 보낼 것입니다. 또 어떤 날은 아주 빠르고 흥겨운 노래의 멜로디가 명상 중에 자꾸 떠올라 어리둥절할 것입니다.

그러나 명상이 끝나고 당신은 그 노래의 가사를 찾아보고 크게 감동하게 될지도 모릅니다. 멘토들이 사용하는 모든 방법과 재료들은 당신에게 맞춰질 것입니다. 당신이 가진 종교나 당신이 체험한 삶

속에서 겪은 문화들과 미디어를 사용하여 멘토들은 여러분을 이끌어 갈 것입니다.

그래서 나에게는 이 거룩한 시간이 'In his time'이지만 여러분에게는 여러분이 아는 친근한 노래가 될 것입니다. 당신은 서서히 영적 멘토들의 가이드를 느끼게 될 것입니다.

당신은 창조를 위해 이곳에 온 위대한 존재입니다.

당신이 바라는 Ssal의 비전을 마음껏 그리고 기쁨 가득히 거룩한 시간을 보내시기를 바랍니다. 그럼 거룩한 시간 동안 영적 멘토들은 당신의 발걸음을 이끌어 당신이 원하던 삶으로 데려다 줄 것입니다.

@ Ilugram

부자들의 '이스터에그'

2016년 1월 로스앤젤레스(LA) 동부 샌버너디노 카운티 치노힐스에서는 역사상 가장 큰 금액의 파워볼 '잭폿 Jackpot' 당첨금의 주인공이 나왔습니다. 1등 당첨금은 15억 8천 600만 달러의 엄청난 당첨금이었습니다.

우리는 복권을 통해 큰 부자가 되는 꿈을 꾸곤 합니다.

만약 여러분이 1억 달러 이상의 '복권 lottery ticket'에 당첨된다면 당신은 이 돈을 어떻게 사용하시겠습니까? 앞서 나는 여러분에게 돈을 받아들이는 크기를 키워야 한다고 말씀드렸습니다.

우주의 거대한 시스템에서는 당신이 바라는 100달러와 1억 달러의 크기를 구분하지 않습니다.

원인은 항상 어떠한 결과를 만들어 냅니다. 복권에 당첨되려면 복권을 사야 하고 추첨일까지 조금 기다려야 합니다.

하지만 평생을 기다려도 복권 1등에 당첨되기는 쉽지 않습니다. 그러나 복권을 사지 않는다면 당첨의 기회조차 생기지 않습니다. 왜 누군가는 천문학적인 복권의 당첨금을 받고 누군가는 받을 수 없는 것일까요?

복권 당첨이 어려운 예를 들어보겠습니다.

나는 복권의 1등이 되고 싶습니다. 그래서 여러 조합으로 번호를 만들었습니다. 그러나 매번 잭폿은 항상 다른 사람들의 몫입니다. 그런데 복권을 사고 잭폿을 원하는 사람들이 세상에는 얼마나 많을까요?

내가 영적 차원에서 '혼의 로드맵'을 조합할 때 만약 복권 1등을 설정하지 않았다면 복권 1등에 당첨된 삶을 통해 체험을 실현하려고 준비한 영혼에게 '잭폿'을 양보할 수밖에 없습니다.

우리가 계획했던 삶을 넘어서려면 새로운 로드맵이 필요하고 새로운 로드맵을 만들려면 'Ssal'을 사용해야 합니다.

만약 어떤 영혼이 8번째 지구 체험을 마치고 9번째 지구 체험을 위해 다음 생애를 설계하였습니다. 그리고 그는 3차원 지구에 인간의 육신에게 다시 깃들었습니다.

그는 호주의 시골 마을에서 아버지를 도와 농장 일을 하고 있었습니다. 그가 27살이 되던 해 시내에 있는 작은 상점에서 친구를 따라 복권을 샀습니다. 그리고 그는 2천만 달러가 넘는 1등 '잭폿'에 당첨되는 체험을 하게 되었습니다.

당첨된 후에 그는 세계 일주를 하고 돌아와 해양 오염과 지구 온난화 예방에 대해 일을 하고자 합니다. 모든 것은 그가 지구로 다시 오기 전 설계한 그의 9번째 로드맵에 의한 것이었습니다. 그는 큰 변화가 없는 한 로드맵대로 자기 삶을 살아가고 그것을 위해 최선을 다할 것입니다.

그리고 여기에 우리가 있습니다.

'혼'의 틀에서 깨어난 우리는 영적 차원에서 설계한 자신의 로드맵을 느낍니다. 나의 부모님은 어떤 사람이며 또 그들의 부모님은 어떤 사람들 이었으며 그들의 삶과 트라우마를 통해 어떤 것들이 나의 삶에 영향을 미치고 있는지 조금씩 깨닫게 됩니다.

우리는 지나온 삶을 되돌아보았고 명상 중에 무의식에 감춰진 '트라우마'들을 찾아냅니다. 그리고 이대로 산다면 어떤 인생이 펼쳐질 것이며 이번 삶에서 내가 체험하려는 것들이 무엇인지 알게 됩니다.

그러나 우리는 그것에 머물고 싶지 않습니다. 우리는 '로드맵'의 틀에서 벗어나 원하는 삶을 그리고 하고 싶은 일들 을 찾아 로드맵을 수정하기를 원합니다. 시스템에서 깨어난 우리에게는 새로운 로드맵이 필요합니다.

우리는 눈을 감고 'Ssal'의 비전을 그리면 그것이 곧 현실에 나타나는 새로운 창조의 입력 방법이라는 것을 깨닫게 될 것입니다. 이제 여러분에게 이루고 싶은 것이 마음에서 일어나면 휴대폰에 메모하고 집에 돌아와 내용을 구체화 하기위해 노트에 적어 Ssal을 그릴 것입니다.

우리는 시간이 지나면서 내가 원하는 것들의 표면적인 욕구와 기본적인 욕구, 그리고 창조의 욕구를 구분할 수 있게 될 것입니다.

우리는 명상 중에 영적 가르침과 깨달음을 얻기 시작 할 것입니다. 그것은 마치 수업과 같을 것입니다. 꾸준한 명상을 하면서 우리는 많은 영감과 아이디어를 얻게 될 것입니다.

우리는 점점 일상에서 구분으로 왜곡된 세상의 에너지들을 구별하여 실체들을 알아가게 됩니다. 우리는 Ssal이 뚜렷하고 완성된 설계가 필요하다는 것을 여러 번의 실험으로 알아가게 될 것입니다.

생각을 조심하지 않아 그것이 현실에 뒤죽박죽 나타나게 되는 실패도 여러 번 체험하게 될 것입니다. 우리는 비슷한 Ssal을 여러 번 반복하면 결과가 나타나지 않거나 기대에 미치지 못하는 결과를 보게 된다는 것도 깨닫게 될 것입니다.

또 Ssal의 비전을 보며 내가 아닌 다른 사람들의 얼굴을 떠올려 그들이 성공을 이루는 엉뚱한 실수를 경험할 수도 있을것입니다.

우리의 수업이 무르익으면 원하는 삶을 구체적으로 인식하고 'Ssal'의 장면을 연출하여 나의 것으로 만들게 될 것입니다. 그러기 위해서는 자기만 아는 비밀 노트를 만들어 원하는 것들을 분류하여 기록해나갈 것입니다.

1) **표면적 욕구(육체적 욕구) : 의식주 등의 안정의 욕구**

2) **일반적 욕구(마음의 욕구) : 타고난 욕구(로드맵), 성취의 욕구**

3) **내면적 욕구(영적인 욕구) : 사랑의 실천을 위한 선한 영향력**
   기부, 헌신, 봉사, 사회사업 등

우리는 원하는 것들을 자세히 적었고 영적 세계에서 만들었던 로드맵은 수정할 것입니다. 그것을 위해 미래의 타임라인에 원하는 욕구를 넣어 미래일기도 적을 것입니다.

그것을 읽어보면 마치 영화를 연출한 듯 등장인물들의 대화들과 장소의 분위기와 냄새, 그것이 일어나는 날의 날씨와 시간 등 짧지만 영화의 한 장면과 같을 것입니다.

우리는 이 비밀스러운 미래 일기장을 '장면 노트 Scene notes'라 부를 것입니다. 우리는 장면 노트에 적은 것이 이루어지기 전까지 누구에게도 보여주거나 말하지 않을 것입니다.

그리고 Ssal을 그리면서 우리는 자주 Ssal의 영상을 수정해야 할 일이 생길 것입니다. 예를 들면 Ssal에 그렸던 것들의 내용을 수정하거나 취소할 때 입니다. 그리고 Ssal에 그리는 주인공의 얼굴이 내가 아닌 다른 사람의 얼굴로 그려질 때도 그렇습니다.

또는 졸음이 몰려와 엉뚱한 장면의 영상이 겹칠 때입니다. Ssal의 수정을 위해서는 명상 중에 수정하고 싶은 부분의 영상을 펼친 듯 떠올리고 지워야 할 부분을 깨끗이 지우는 상상의 의식을 행한 후에 원하는 내용을 다시 그려 수정할 것입니다.

일상 중에도 부정적인 생각이 떠오를 때도 바로 알아차리고 같은 방법으로 생각을 통제할 것입니다. Ssal이 방해받지 않고 현실에 나타나려면 '무의식'과 '에고'를 잘 관리해야 한다는 것을 우리는 느끼게 되었습니다. 그다음은 시간을 내어 자신의 조부모님 네 분의 삶과 죽음에 관해 적어 보았습니다. 그리고 부모님의 삶과 일생에 대해서도 아는 대로 적어 볼 것입니다.

어려서부터 들었던 정보들과 친척들을 인터뷰하여 새롭게 얻은 정보를 통해 과거로부터 현재에 이르는 '에고 Ego'와 '트라우마 Trauma'를 찾아내고 그것이 나에게까지 어떤 영향을 미치게 되었는지 이해하게 될 것입니다.

그다음으로는 나의 탄생에서 현재까지의 삶에 대해서도 적어 볼 것입니다. 충분한 시간을 가지고, 시간의 순서보다 생각나는 대로 천천히 적어야 합니다. 우리는 그 속에서 지금껏 살면서 방치한 자신

의 트라우마들을 찾아낼 수 있을 것입니다

이제 찾아낸 에고와 인연들이 만들어낸 아픔과 슬픔과 걱정들과 불안을 '떠나보냄 명상'을 통해 무의식에서 비우고 'Ssal'을 그려 새로운 로드맵을 창조할 것입니다.

다음으로 우리는 욕구를 실현할 돈이 필요합니다.

우리는 복권의 '잭폿'을 Ssal에 그리거나 원하는 사업의 성공을 그릴 것입니다. 우리는 우선 표면적인 욕구를 실현하기 위해 의식주의 안정을 만들고 싶습니다.

우리는 Ssal을 사용하여 멋진 새집으로 이사하는 날의 풍경 중 어떤 한 부분을 연출할 수 있습니다. 예를 들어 짐을 나르는 인부들에게 커피와 간식을 베풀어 잠시 휴식을 선물합니다.

그리고 그들에게 감사 인사를 받았습니다. 마음이 흐뭇해집니다. 이삿날 집안의 복잡한 풍경과 냄새 그리고 날리는 먼지까지 세세히 상상하여 Ssal을 봅니다. 그리고 이것을 장면 노트에 기록하고 자주 읽었습니다.

우리는 Ssal을 할 때마다 그 장면을 똑같이 보고 감촉을 느끼며 냄새를 되뇄습니다. 그리고 Ssal의 마지막에는 항상 환희와 기쁨의 감정을 느끼고 감사하였습니다. 우리는 머지않아 거룩한 시간을 지나고 Ssal에서 본 자신의 모습 그대로 그곳에 있을 것입니다.

우리가 원하는 복권의 주인공이 되는 것 또한 무의식이 정화되고 내면이 좋은 에너지들로 채워야 가능합니다. 그리고 나의 존재에 대한 믿음 안에서 흔들리지 않는 거룩한 시간이 지나면 당신이 원했던 모습들은 훗날 당신의 일상이 될 것입니다.

평소에 사랑과 감사 그리고 용서와 자비가 내면에 가득 차도록 우리 모두 항상 기뻐하는 일상을 보내는 노력을 해야 합니다. 그러면 기쁨과 감사와 용기의 에너지가 계속하여 당신에게 이끌려 들어올 것입니다. Ssal의 마지막에는 항상 '환희와 기쁨의 감정을 가지고 감사'해야 합니다. 이것은 우주 시스템에 저장과 실행 명령을 내리는 것과 같습니다.

다음은 정화된 무의식에 기쁨과 사랑의 에너지를 내면으로 모아 채워지도록 저장하는 방법입니다.

일상에서 좋은 일이 일어났을 때 "좋았어!" 또는 "감사합니다!" 등 긍정적인 표현을 하는 것, 이런 긍정적 행동을 창조적 인생의 '이스터에그 Easter Egg'[1]라고 합니다. 이스터에그는 Ssal을 그리고 새로운 삶을 입력하는 명령어이면서 동시에 좋은 결과를 계속 반복해서 불러들이는 행운의 씨앗입니다. 일상을 살다 보면 때로는 예상과는 다르게 결과가 나쁠 때도 있습니다.

---

[1] 이스터에그(Easter Egg) : 이스터에그는 영화, 책, CD, DVD, 소프트웨어, 비디오 게임 등에 숨겨진 메시지나 기능을 뜻합니다. 또한 '이스터에그'라는 이름은 서구권에서 부활절 달걀을 미리 집안이나 정원에 숨겨두고 아이들에게 숨겨놓은 달걀을 찾도록 하는 부활절 달걀 찾기 풍습에서 유래했습니다. 위키백과 wikipedia.org

그럴 때도 "아! 망했네" 이런 표현은 나에게 도움이 되지 않습니다. 결과가 좀 나빠도 다음에 올 좋은 결과를 상상하며 나지막하게 "감사합니다." 하는 습관을 만들어야 합니다.

좋은 습관의 '이스터에그' 중에 "나는 운이 참 좋아!"가 있습니다. 성공한 부자들의 인터뷰를 들어보면 그들은 본인이 운이 참 좋았다고 말합니다. 겸손하게 보이려고 하는 의도한 멘트가 아니라 그들은 진심으로 자신의 운이 좋다고 생각하고 있으며 자주 그런 감정을 느낀다고 합니다.

부의 트렌드를 이끄는 세계적인 경제 잡지의 이름이 '포춘 Fortune'인 것만 보아도 좋은 운을 유지하는 것이 얼마나 중요한 것인지 알 수 있습니다. 평소에 좋은 운을 유지하기 위해서는 자기 자신에게 자주 "나는 운이 참 좋아!", "행운은 나의 편이야!" 등과 같은 '이스터에그'를 자주 말해주고 기쁜 감정을 느끼는 것이 좋습니다.

이스터에그는 부정적 생각에서 나를 보호하고 무의식에 기쁨과 사랑의 에너지를 채우는 과정입니다. '이스터에그'를 활용하여 'Ssal'의 창조를 도와주는 무의식의 채움이 완성되면 원하는 삶을 새롭게 디자인할 Ssal을 성공적으로 사용할 수 있게 되는 것입니다.

혼의 로드맵에서 깨어난 우리는 풍요를 꿈꾸고 도전할 것입니다.

"경험해보지 못한 큰 성공을 위해서는 경험해보지 못한 새로운 일에 도전해야 한다."는 말이 있습니다. 내가 원하는 삶의 Ssal을 그리고 주저 없이 바다에 나가 그물을 던져야 하는 것입니다.

도전에는 실패가 따를 때도 있습니다. 어쩌면 오랜 기간 계속될 수도 있습니다. 그러나 그때에도 우리는 현실이라는 벽을 넘어 Ssal에서 본 '비전 Vision'을 바라봐야 합니다. 실패를 했다는 것은 도전했다는 증거이며 도전은 우리에게 더 큰 그림을 위한 영양분을 남깁니다.

우리는 목표인 Ssal이 있기에 그것만을 바라보며 실행과 집중을 할 수 있어야 합니다. 그리고 우리는 문을 계속 두드려야 합니다. 그러면 문은 반드시 열리고 우리가 그린대로, 본 그대로의 Ssal이 거기에 있을 것입니다.

앞으로 여러분이 큰 부와 성공을 이루고 싶다면 경제 활동을 바라보는 시각을 바꿔야 합니다. 많은 사람의 무의식에는 복권이 '사행심을 조장하고 돈을 낭비하는 일종의 도박이다'라는 생각이 지배하고 있습니다.

만약 여러분이 복권에 대해 이러한 생각을 가지고 있다면 복권의 '잭폿'은 나의 것이 되지 않을 것입니다. '잭폿'이 나의 것이 되려면 우선 복권에 대한 무의식을 바꾸는 것이 중요합니다.

복권의 기금을 조성하는 목적은 사회에 소외된 계층을 돕는 일종의 기부 행위입니다. 그리고 기부를 한 사람 중 몇 명은 평범한 일상에서 탈출할 기회를 주는 아주 특별한 이벤트입니다.

당신의 무의식 속 복권에 대한 생각은 어떻습니까?

부동산의 투자나 주식 투자 등 투자에 대한 시각도 마찬가지입니다. 어떤 사람들은 부동산을 많이 가지고 있는 사람들을 시기하여 투기꾼이나 졸부로 치부하는 사람들이 있습니다.

부동산투자와 개발을 통해 적법하게 사업하는 사업가들은 훌륭한 분들이 아주 많습니다. 주식이나 채권, 선물과 옵션을 통해 큰 부를 이룬 분들도 마찬가지입니다. 그들은 목표를 세우고 그것을 이루기 위해 매매기법을 만들어 갈고 닦아 지금의 성공을 이룬 것입니다.

부동산투자, 주식투자 그리고 세상의 모든 경제 활동에 대한 편견과 사상을 전환하지 않으면 우리는 그것의 주인이 되기 어렵습니다. 어쩌다 주인이 된다고 하여도 오래가지 못해 그것이 연기처럼 사라질 수 있습니다.

내가 원하는 모습이 있다면 우리는 그것을 사랑해야 합니다. 부동산과 주식투자 그리고 부를 이루기 위한 모든 도구를 사랑하고 그것에 대해 꾸준한 관심을 가져야 합니다. 관심은 당신이 원하는 부와 명예를 갖기 위해 해야 할 노력의 절반을 대신해 줄 것입니다.

여러분은 전 세계의 부를 움직이는 유대인의 이야기를 많이 들어보았을 것입니다. 유대인들은 자신들이 하나님의 선택을 받은 유일한 민족이라고 믿으며 살아갑니다.

유대인의 비중은 세계 전체 인구의 0.2%에 불과합니다. 그러나 그들은 역대 노벨상 수상자의 20%를 차지하고 있으며 로스차일드,

JP모건 등의 가문은 세계 최상위 금융시장을 장악하고 있습니다.

또한 IT기업의 슈퍼리치 또한 유대계 인물들이 많습니다.

오라클(Oracle)의 회장 '레리 엘리슨 Larry Ellison', 메타(Meta)의 창업자 '마크 쥬커버그 Mark Zuckerberg', 구글(Google)의 공동 창업자 '래리 페이지 Larry Page'와 '세르게이 브린 Sergey Brin' 등 경제에 대한 관심이 없는 사람도 한 번쯤은 들어본 기업과 창업자들일 것입니다.

그들과 우리의 차이점은 무엇일까요?

그들과 우리의 차이는 아무것도 없습니다.

있다면 단지 돈과 부에 대한 관심과 신념의 차이가 있을 것입니다. 유대인들에게는 '흐츠파 Chutzpah' 라는 신념이 있다고 합니다. 흐츠파란 히브리어로 '담대함', '뻔뻔함', '도전성' 등을 의미하는 단어입니다.

그들은 자신들이 하나님에게 선택받은 유일한 민족이며 그렇기에 자신들이 부를 이루고 누리는 것이 당연하다 여길 것입니다. 따라서 그들이 갖는 부에 대한 관심과 부의 생태계를 바라보는 시각이 좀 더 높고 창조적이었을 것입니다.

우리가 부를 바라보는 의식은 어떻습니까?

여러분의 의식적 깨어남은 축복이며 신이 가장 기뻐하는 우주적 사건입니다.

당신이 꿈꾸는 기업이나 서비스도 존재의 믿음 안에서 'Ssal'의 비전으로 그려 바라본다면 세계적인 자본가나 기업이 되는 것도 당연히 가능하게 될 것입니다.

이제 우리는 자신에게는 한계가 없다는 믿음에 집중해야 합니다. 나의 존재가 신과 동업하는 분신이라는 것을 내면에서 받아들여야 합니다. 그리고 그 믿음과 기쁨으로 '시스템'을 향해 당당히 새로운 창조를 요청하시기를 바랍니다.

그럼 모든 것은 당신이 요청한 대로 이루어질 것입니다.

@ Ilugram

느낌의 감도

앞으로 여러분이 깨어나 '머묾'에 이르면 주변으로부터 선하고 지혜로운 사람으로 존경받게 될 것입니다. 당신으로부터 시작되는 사랑은 당신의 가족과 지인을 풍요롭게 하고 그들 또한 주변인들에게 사랑의 에너지를 전파하여 영향을 줄 것이기 때문입니다.

우리가 세상에서 바꿔야 할 것은 단 하나, 나 자신뿐입니다.

깨어남 이후에는 내 생각과 감정을 바로 알아차릴 수 있어 조절이 가능해집니다. 다른 사람과 대화할 때도 상대의 표정이나 작은 몸짓으로도 이후에 나타날 결과와 의도를 빠르게 간파할 수 있게 되어 부적절한 경우를 피해 갈 수 있게 될 것입니다.

그러나 가끔은 비워지지 않은 무의식이 나를 지배하거나 이전의

'낮은 의식'의 습관이 갑자기 나타나 당황스러운 순간도 있을 것입니다. 이것은 어쩔 수 없는 육신의 한계이기에 자책하지 말고 조금은 양보하여 이해하여야 합니다.

우리는 완벽할 수 없습니다.

불완전하기에 자유롭고, 자유롭기에 아름답습니다. 앞으로 깨어나 우리가 특별히 주의해야 할 것은 이 세상 모든 존재를 대할 때 무시하거나 시기하면 안 된다는 것입니다.

우리는 보이고 느끼는 모든 존재에 감사하는 마음을 갖도록 노력해야 합니다. 우리는 연결된 하나입니다. 우리는 일상에서 우리를 괴롭히는 악당을 정말 많이 만납니다. 꼴도 보기 싫은 사람에게 감사하기란 정말 힘든 일이겠지만 노력은 해야 합니다.

우리는 사랑을 체험하기 위해 이곳에 왔습니다.

우리가 생각하는 악당들도 누군가의 부모이거나 사랑받는 자녀이며 자기 가족을 사랑합니다. 물론 '천륜天倫'을 저버린 범죄가 있지만 그마저도 극단적인 체험이며 다 의미가 있는 것입니다.

누구나 악역은 하고 싶어 하지 않습니다. 그러나 다른 사람들의 고귀한 체험을 위해 기꺼이 악역을 자처하는 아름다운 영혼들이 있어 우리의 체험은 더욱 다양한 체험이 가능합니다.

마블의 세계관에 나오는 악당 중 하나인 '타노스 Thanos'는 자기 고향 행성의 멸망을 목도하고 우주 생명의 절반을 줄여야 한다는 '신념宸念'을 갖게 됩니다.

신념을 위해서라면 사랑하는 딸도 제물로 바쳐 죽이는 것을 영화를 보신 분이라면 잘 아실 것입니다. 모든 명분의 시작은 신념에서 비롯됩니다. 신념은 체험의 로드맵을 무시하고 변형된 체험을 일으켜 새로운 '멀티버스 MultiVerse'[1]를 만들게 됩니다.

신념은 조상으로부터 대대로 입력되어 저장된 방어적 트라우마에 의해 싹트고 체험적 트라우마에 의해 발전되며 결국에는 자기 신념으로 고착되어 행동으로 나타나게 됩니다.

내가 어떤 신념을 갖게 되는가에 따라 새로운 세계관이 펼쳐질 가능성이 만들어지게 되는 것입니다. 다시 말해 '체험의 가이드' 단계에서 악역을 선택하여 체험하는 영혼들과 체험 중에 발현된 신념을 통해 악역으로 바뀌는 영혼이 있는 것입니다.

여러분이 '깨어남'의 수업에서 더욱더 창조적인 'Ssal'을 이루기 위해서는 이 세상의 어떤 것도 무시해서는 안 됩니다. 그 무엇도 무시하지 않겠다는 의지가 당신에게 존재하는 모든 트라우마에서 중심을 잡아 줄 것이기 때문입니다. 완벽할 필요는 없습니다. 그러나 노력을 계속해 나가야 합니다.

---

1 멀티버스(multiverse) : 멀티버스 또는 다중 우주론(多重宇宙論)은 우주가 여러 가지 일어나는 일들과 조건에 의해 통상 적으로 시간과 공간에서 갈래가 나뉘어, 서로 다른 일이 일어나는 여러개의 다중 우주가 사람들이 알지 못하는 곳에서 무한하게 존재하고 있다는 이론이다.
위키백과 wikipedia.org

세상의 그 어떤 것도 이유 없이 생겨난 것은 없습니다. 여러분의 신념이 무엇이든 이 세상 모든 존재에 대한 존중 의식을 함께 채울 수만 있다면 Ssal을 그려 만드는 창조의 신세계는 더 빠르게 실현되어 만들어질 것입니다.

'태초의 의식'은 모든 게임의 법칙을 다 알고 있습니다. 그의 분신인 우리의 영혼도 마찬가지입니다. 만약 모든 것을 알고 있는 비디오 게임이 있다면 우리는 그 게임을 선택하지 않을 것입니다.

이미 다 알고 있는 게임은 재미가 없기 때문입니다.

그러나 우리는 망각 패치를 부여받고 우리의 삶에 악당들이 있음으로써 게임은 좀 더 난이도를 갖게 되며 풍성한 체험이 되는 것입니다. 나의 인생에서 나를 가장 힘들게 하는 악당은 누구입니까?

우리의 영적 고향에서 그는 당신을 위해 이번 생을 자원한 당신의 가장 친한 친구일지도 모릅니다. 당신 또한 지난 체험에서는 그의 악당 역할을 위해 헌신했을지도 모릅니다.

끔찍하지만 당신의 11번째 지구 체험에서는 당신이 자원하여 연쇄 살인범을 체험했을지도 모릅니다. 그러기에 우리는 아무리 나쁜 악당 이라도 비난해서는 안 됩니다.

결국 우리가 이 세상에 존재하는 모든 것들과 연결되어 있음을 믿게 된다면 세상을 보는 당신의 시각은 완전히 다르게 변할 것입니다. 이제 여러분은 누군가를 미워하거나 시기하거나 그가 가진 것에 대하여 부러워하지 마시기 바랍니다. 앞으로 여러분은 이 세상이 나의 선택을 기다리는 아주 거대한 쇼핑몰이라고 생각하시기 바랍니다.

"이 세상은 나의 선택을 기다리는 아주 거대한 쇼핑몰."

이해를 돕기 위해 한가지 예를 들어 보겠습니다. 당신의 친구는 만날 때마다 자기 아파트 가격이 올랐다고 자랑합니다. 처음에는 누구나 친구의 자산 상승에 대해 축하해줄 것입니다.

그런데 어떻게 그 아파트는 계속 시세가 오르는지 그 친구는 만날 때마다 자랑을 늘어놓고 그다음은 아파트를 선택한 자신의 혜안을 자화자찬합니다. 그런데 축하도 한두 번이지 그것이 무한정 반복되면 그를 만나기가 점점 거북해질 것입니다.

만약 내가 아직 집을 장만하지 못했다면 상대적인 박탈감으로 점점 그를 멀리하게 될지도 모릅니다. 그뿐만 아니라 그를 시기하여 다른 사람들을 만났을 때 험담을 늘어놓을지도 모릅니다.

'깨어있음' 상태에서 만약 이런 일을 마주하게 된다면 앞으로 여러분은 그의 이야기를 들을 때 그 아파트의 장단점과 시세, 주변 환경 등의 정보를 물어보게 될 것입니다. 그리고 정보가 마음에 든다면 당장 살 여력이 없더라도 친구의 아파트를 방문하여 실제로 주변 환경을 파악하게 될 것입니다.

친구가 허락한다면 방문하여 집의 내부를 둘러보는 것도 좋을 수 있습니다. 친구에게 부탁하기 부담스럽다면 주변 부동산 오피스를 통해 매도를 원하는 집을 구경할 수도 있을 것입니다. 구경을 했다고 집을 꼭 사야 하는 것은 아니기 때문에 부동산 오피스의 수고에 대한 대가는 훗날 치르면 됩니다.

그 후 그곳의 모든 정보와 환경이 마음에 든다면 '장면 노트'에 원하는 장면의 결과를 적고 'Ssal'을 시작하게 될 것입니다. 당신은 이미 그곳의 주변 환경과 내부 시설까지 경험했기 때문에 더욱 생생한 Ssal이 가능하게 됩니다.

그럼 아파트 단지의 정보를 준 당신의 친구는 자랑을 일삼는 만나기 거북한 사람이 아니라 당신의 Ssal을 돕는 사람으로 당신 곁에 남게 될 것입니다. 이것은 여러분의 '깨어있음'이 세상을 바라보는 시각을 보여주는 하나의 예입니다.

이후에는 여러분의 의식뿐만 아니라 표정과 신체의 활력 또한 바뀌게 될 것입니다. 나의 내면의 깨달음과 비움 그리고 사랑의 채움이 육신에도 전달되어 뇌와 세포들에도 긍정적 영향을 미치게 될 것입니다. 스트레스를 줄여 노화를 늦추고 질병도 침범할 수 없게 될 것입니다.

그뿐만 아니라 내 눈 앞에 펼쳐진 모든 것들은 내가 가질 수 있고 가볼 수 있다는 믿음과 소망이 당신에게 여유로운 삶과 정신적 자유를 만들어 줄 것입니다.

다만 여러분은 조급한 마음을 갖지 않고 여유를 가지기를 바랍니다. 내가 원하여 Ssal의 비전으로 본 것은 나의 삶으로 구현되어있다는 믿음과 감정을 유지하시기 바랍니다. 이끌림은 내면에 연결된 나침반과 같습니다. 무엇이든 선택이 어려울 때는 내면의 느낌을 따라가면 됩니다. 깨어남 이후의 느낌은 '깨어있음'의 유지를 돕고 Ssal에서 본 미래로 나를 이동시킬 것입니다.

느낌을 따르다 보면 '느낌의 감도'가 의미하는 것을 깨닫는 때가 올 것입니다. 예를 들어 두 가지의 선택지가 있는데 보자마자 끌리는 것을 선택하였습니다. 그런데 선택하자마자 그것이 내가 원하는 결과를 가져다줄 것이라는 것을 바로 알아차리게 되는 것입니다.

이 '느낌의 감도'가 좀 더 발전하게 되면 둘 중 하나를 선택하는 순간 무의식적으로 'Ssal'이 머릿속에 그려지며 선택에 따른 결과를 미리 보는 일이 생길 때가 있을 것입니다.

이것은 순식간에 뇌리를 스쳐 지나가지만, 기억은 아주 또렷할 것입니다. 그리고 자신감에 찬 확신의 에너지가 내면에 가득 차면 그것은 머지않은 미래에 본 그대로 이루어질 것입니다.

내 주변의 자동차나 마음에 드는 물건을 볼 때도 그렇습니다. 처음 보는 자동차나 물건을 보자마자 내 마음에 착 담기는 느낌이 듭니다.

그리고 볼 때마다 '기분氣分'[2]이 좋고 사랑스러운 느낌마저 듭니다.

그것을 보거나 만지면 나의 에너지가 증폭되는 느낌이 드는 것입니다. 어린 시절 재미있는 애니메이션이나 히어로 영화를 보면 기운이 뻗치는 그런 상태를 말합니다. 이것은 온몸에 에너지의 분포가 균형을 이루고 활성화되는 것으로 원하는것을 끌어당겨 내 것으로 만들게 되는 것입니다.

또 어떤 지역에 방문하면 그 지역의 모습이 행복감과 좋은 느낌을 줄 때가 있습니다. 앞서 어떤 물건이나 자동차 등을 보았을 때의 느낌보다도 더 많은 정보의 에너지들을 오감을 통해 강렬히 느끼게 됩니다. 그리고 눈에 띄는 건물이나 집이 마음에 착 담깁니다.

주변을 걸을 때 주변의 시각적인 편안함과 소음과 향기까지 온몸으로 높은 감도를 느끼고 기분이 좋아지는 것입니다. 이것은 그 지역의 에너지와 당신의 에너지 진동이 잘 맞기 때문입니다. 그런 느낌을 받게 되면 머지않아 여러분은 그 지역으로 이사를 하고 눈에 띄었던 그 집에 살게 될 것입니다.

마음에 착 담기는 느낌은 사람을 만날 때도 일어납니다. 처음 만난 사람인데 왠지 오래전부터 알고 지낸 사람처럼 편안하고 마음이 끌리는 사람이 있습니다. 그와 함께 있으면 나의 에너지도 함께 활성화 되어 피곤함도 잊게 만듭니다.

---

2 기분(氣分) : 전신에 에너지의 분포가 균형을 이루며 기쁨을 느끼거나 균형이 막혀 불쾌해지는 것을 말합니다.

이것은 그와 당신의 영적 진동이 비슷하기 때문에 느끼는 편안함입니다. 이런 기분이 좋은 만남은 깨어남 이후에 꾸준히 늘어갈 것입니다. 이렇게 나에게 에너지를 열어 활성화되도록 도와주는 사람과는 오랫동안 좋은 인연으로 발전하게 될 것입니다.

여러분은 '느낌의 감도'가 무엇인지 이해하게 되면서 Ssal의 모든 수업은 더 높은 수준을 향해 나아갈 것입니다. 이것은 우리가 Ssal을 꾸준히 수업하여 나타나는 업그레이드 된 모습입니다.

그리고 오랫동안 수고한 결실을 의미하기도 합니다. 이제 에너지의 흐름이 좋아져 일상에서 곧바로 내가 원하는 것들을 알아보고 끌어당기는 것입니다.

Ssal과 명상의 수업을 모르더라도 일상에서는 가끔 이런 일들이 우연히 일어나 체험하게 됩니다. 그것은 순간적으로 당신의 영적인 에너지가 주변의 다른 에너지들과 만나 발휘되어 나타나는 일시적인 현상입니다. 우리는 Ssal의 수업을 통해 그것을 의식적으로 사용하고 자주 경험할 수 있게 될 것입니다. '느낌의 감도'는 당신의 삶에 아주 유용한 도구가 될 것입니다.

그러나 깨어남 이후에도 여러분의 깨달음과 Ssal은 지속하여 부정적인 생각의 도전을 받게 될 것입니다. 앞서 언급한 뱀과 같은 부정적인 생각들이 기쁨과 사랑을 벗어난 불안한 환상을 심어 점점 걱정에 빠지게 할 것입니다. 그리고 수많은 걱정은 당신의 용기를 빼앗으려 할 것입니다.

그리고 조금씩 영적인 힘과 당신 사이에 간극을 만들 것입니다. 이렇게 조금씩 창조적 도전에 발목을 붙잡아 영적 자유에서 멀어지게 만들고 결국 망각에 이르도록 하는 것입니다. 뱀과 사탄의 시험에서도 우리는 '느낌의 감도'를 찾아 집중해야 합니다.

여러분이 느낌의 감도를 깨닫고 나면 걱정과 망각이 나를 조여와도 '느낌'은 우리를 순간적으로 더 높은 차원의 의식으로 이끌어 뱀과 사탄들로부터 당신을 지켜낼 것입니다. 느낌의 감도는 높은 의식 에너지로의 확장을 돕고 '깨어 있음'에 머물도록 이끌어줄 것입니다.

명상과 Ssal을 거듭할 수록 느낌의 감도를 알아차리는 능력은 점점 더 발전해 나갈 것입니다. 우리의 영적 에너지의 확장은 무의식과 태초의 의식을 연결하는 내면에서 이루어집니다. 느낌의 감도가 발전한다는 것은 내면과 무의식이 Ssal의 수업대로 잘 작동되고 있다는 의미입니다.

당신은 점점 그 예지적 능력을 알아차리게 될 것이며 찰나의 시간에 미래를 보는 수준으로 발전하게 될 것입니다. 이런 현상이 생기기 시작하면 그때마다 당시의 상황과 느낌을 '장면 노트'에 기록하여 자주 읽고 상기시켜 느낌의 감도를 좀 더 빠르게 발전시키기를 바랍니다.

느낌의 감도는 수호천사의 손길이며 신의 발걸음입니다.

창조를 만드는 기쁨의 힘

Ssal을 수업하면서 알아야 할 가장 중요한 사실은 바로 '태초의 의식'과 내가 항상 연결되어 있다는 것입니다. 우리의 '영혼'은 그의 형상으로 만들어졌으며 우리는 그의 분신입니다.

그러나 우리는 낮은 차원에서 진동하여 구분된 세상을 살아가느라 의식의 에너지가 일정한 수준으로 유지되지 못하고 높았다 낮았다 하며 파도를 탑니다.

따라서 깨어남 이후에 5차원 이상의 존재인 영적 멘토들이 우리를 트레이닝하여 깨어남을 유지하도록 '이끌림'이 일어나는 것입니다. 이때 멘토들이 내 주변의 모든 것들을 사용하여 깨달음과 가르침을 줄 것이라 말씀드렸습니다.

앞서 설명한 '동시성의 숫자'와 '노래 가사' 그리고 '느낌의 감도' 뿐만 아니라 '이명'을 사용하기도 합니다. 이명은 귀에서 위~잉 하는 고주파의 소리가 나는 현상을 말합니다. 그 밖에도 거의 모든 것을 활용하여 가르침을 줄 수 있으니 의식을 열어 받아들이기를 바랍니다.

다음으로 우리는 '깨어있음'에 들어갈 것입니다.

우리의 내면은 우주 의식과 항상 연결되어 당신이 원하는 현실을 창조할 준비가 되어 있습니다. 그 깨달음을 믿고 받아들이게 되는 과정을 '깨어있음'이라고 합니다.

깨어있음의 시기에 우리는 자주 명상에 이끌려 지혜를 구하게 될 것입니다. 당신이 그토록 알고 싶었던 것들의 질문을 품으면 깊은 내면을 통해 천천히 그 해답이 들려올 것입니다.

그런데 이렇게 질문했을 때 바로 떠오르는 생각이 있는데 그것은 바로 '에고 ego'[1]입니다. 질문에 대한 답변을 기다릴 때 가장 주의해야 하는 것이 바로 거짓 답변인 에고입니다. 우리는 이것을 항상 경계해야 합니다.

에고는 안정을 추구합니다. 에고는 당신이 심오한 지혜를 구할 때

---

1 에고(ego) : '나 자신' 또는 '자아'라는 뜻의 라틴어로 영적인 관점이 아닌 동물적 인간으로서의 '나 자신'을 뜻합니다. 안정을 추구하며 창조적 활동을 회피하려 하고 두려움을 유발하여 도전 정신에 부정적으로 간섭하는 생각입니다. 남을 지나치게 의식하고 비교하며 경제적 이득에 지나치게 집착하도록 하며 창조적 균형을 무너뜨리는 주요 원인이 됩니다.

뱀처럼 살며시 나타나 사악하게 당신을 조롱하거나, 선택을 해야 할 상황에 당신의 용기를 꺾어 현실에 안주할 것을 요구할 것입니다.

이것은 인간의 뇌가 가진 동물적 한계입니다.

그러나 우리는 이 에고를 잘 구별하여 나를 따르도록 해야 합니다. 언제나 연결된 '태초의 의식'은 음... 또는 옴...[2] 하며 잠시 호흡에 집중하여 기다리면 우주 의식과 연결된 존재들의 지혜가 당신에게 닿을 수 있도록 도울 것입니다.

이런 지혜를 구하는 문답이 시작되면 당신에게는 소름이 끼치도록 신기한 경험이 될 수 있지만 한동안은 에고와 싸우느라 어느 것이 진짜 태초의 음성인지 구분하기 어려울 것입니다.

그래도 거듭하여 묻고 기다려 응답을 듣는 수업을 계속하다 보면 머지않아 진리의 응답을 구별할 수 있게 될 것입니다. 그러나 만일 잘 응답을 받지 못하고 집중이 안 될 때는 내가 '깨어있음'에 잘 머무르고 있는지 살펴보아야 합니다.

또는 극도의 스트레스나 과도한 업무 등의 압박에 시달려 긴장 상태에 있는지 아니면 극심한 육체노동으로 피로가 쌓여 있는지 등 여러 가지 경우를 살펴 점검해 보시기 바랍니다.

깨어있음을 점검할 때는 현재 내가 창조자로서의 주도적인 생각을

---

[2] 옴(Om)은 그 발생지인 인도에서 고대의 베다시대부터 사용된 신성한 소리입니다. 우파니샤드의 각 장마다 그 처음이 옴으로 시작됩니다.
한국민족문화대백과사전 2016 김영덕(위덕대학교)

가지고 대부분의 하루를 감사와 기쁨 안에서 지내고 있었는가를 체크해 보는 것입니다. 그리고 생각과 정신뿐만 아니라 나의 마음인 '혼'과 육신인 '몸'의 요구도 함께 보살펴야 합니다.

위의 경우에는 힐링을 위한 명상과 최대한 휴식을 취해야 합니다.

마음이 원하는 것을 너무 무시하거나 몸이 원하는 것을 너무 방치하면 그것이 쌓여 의도치 않은 실수를 할 수 있습니다. 마음이 원하거나 몸이 원하는 바가 있으면 그것이 무엇이든 가끔은 살펴 풀어주시기를 바랍니다.

이제 여러분의 의식이 평상시에도 연결을 느끼고 믿음의 유지가 잘 된다면 이제부터 우리는 나의 입 밖으로 나오는 말과 감정에 주의를 기울여야 합니다. 내가 하는 말과 내가 느끼는 감정은 내면과 연결된 '태초의 의식'과 함께 듣고 느끼게 됩니다.

그리고 '우주의 창조 시스템'은 그것에 반응하여 작동됩니다.

그래서 부정적인 말과 감정을 반복해서는 안 됩니다.

창조의 시스템은 감정이 섞인 말이나 생각에도 작동하게 됩니다. 감정이 섞인 말을 자주 반복하면 그것은 더욱더 증폭되어 현실에 나타나게 됩니다. 말없이 부정적인 감정을 가지고 속으로 생각만 해도 부정적인 효과는 똑같이 나타나게 됩니다.

나는 앞서 여러분께 삶의 '이스터에그'를 설명해드렸습니다.

평소에 입버릇처럼 "나는 운이 참 좋아!" 또는 좋은 일이 있을 때 "감사합니다." 식사 전에는 "감사히 잘 먹겠습니다." 등 좋은 말씨의 '이스터에그'를 항상 잊지 마시기 바랍니다.

자신이 평소에 사용하는 부정적인 언어를 긍정과 감사의 언어로 바꾸는 것을 생활화해 나가는 것은 아주 중요합니다. 말버릇 혹은 말씨가 반복되면 그것은 자라나 원하든 원치 않든 증폭된 결과를 만들어 냅니다.

원하는 결과가 나오지 않았을 때 "아! 망했네!" 이런 표현이 TV 예능 프로그램에서 자주 나옵니다. 그러다 보니 자주 들은 표현이 나도 모르게 입 밖으로 나오는 것은 어쩌면 자연스러운 것이기도 합니다.

그러나 심각한 것은 "망했네!"라고 표현하면서 부정적인 감정을 함께 쏟아내는 것입니다. 우리가 자주 사용하는 단어와 감정이 합쳐지면 텔레파시와 같이 보이지 않는 통신이 됩니다.

여기서 "자주 사용하는 단어와 감정이 합쳐지면…"을 잊지 마시기 바랍니다. 이 통신은 "지금 나타난 이 상황이 나에게 더 자주 일어나기를 바라!" 하고 우주를 향해 명령을 내리는 것과 같습니다.

당신이 부정적인 감정을 느끼는 채로 "망했네!"하고 외치면 앞으로 당신에게 "망했네!"라는 말을 할 일이 점점 더 많이 찾아오게 될 것입니다.

반대로 좋았어!, 난 운이 좋아! 등과 같이 기쁨의 감정과 함께 쏘아 올린 삶의 '이스터에그'들은 좋았어!, 난 운이 정말 좋아!, Yes!와 같은 말을 할 일을 점점 더 많이 만들어 내게 될 것입니다.

예를 들면 오늘 아침에 다른 날 보다 30분 일찍 출근하였는데 나를 제외한 대부분의 동료가 소나기를 맞아 머리카락과 옷이 흠뻑 젖은 채로 출근하였습니다. 일찍 출근한 나를 보고 동료들은 부지런하다며 칭찬해 주었습니다.

나는 매우 기분이 좋아져 혼잣말로 "Yes!" 하며 미소 지었습니다. 그 이후로는 그런 기분 좋은 일들이 점점 많아졌습니다. 비가 내리는 날에도 내가 목적지에 도착할 때가 되면 비가 멈추거나 퇴근 시간이 다 되어 갑자기 비가 내리는데 지난번 두고 간 우산이 책상 아래에 있는 것이 눈에 띄는 것입니다.

나는 그때마다 "감사합니다." 하고 기분 좋은 감정을 느꼈습니다. 이것은 긍정의 '이스터에그'가 만들어내는 좋은 일들의 작은 예입니다. 이렇게 나에게 도움이 되는 긍정적인 감정과 메시지를 느껴 우주와 소통하는 일이 점점 많아져야 삶이 더 풍요로워 집니다.

그리고 하는 일마다 잘되는 삶이 됩니다. '이스터에그'들은 나의 무의식을 계속하여 긍정적으로 바꾸고 채워갑니다. 채워지는 기쁨과 긍정의 에너지들은 당신의 주변으로도 퍼져나갈 것입니다.

다 이루었다는 기쁨의 감정은
무의식을 사랑과 기쁨으로 채우는 영양분

다 이루었다는 기쁨의 감정을 느끼며 보낸 메시지는 우주를 향한 명령이면서 동시에 나의 무의식을 기쁨과 사랑으로 채우는 영양분이 된다는 것을 눈치채셨을 것입니다.

이것은 '이중명상'[3]의 수업 중에 얻게 된 깨달음으로 내가 원하지 않는 부정적인 무의식을 비워낸 후 건강해진 무의식에 새롭게 기쁨의 에너지들을 채워 나가는 방법입니다.

기쁨의 감정이 무의식에 쌓이게 되면 우주의 무한한 에너지와 연결하여 평범한 일상에서도 내가 원하는 것들을 끌어당겨 'Ssal'의 비전 없이도 현실에 행운이 넘치는 결과가 자주 나타나게 되는 것입니다.

이것은 우리가 순수한 기쁨과 사랑 그 자체이며 그곳으로부터 왔다는 증거입니다. 무의식에 축적된 기쁨과 사랑의 에너지는 순수한우주 의식과 연결되어 같은 진동의 것들을 끌어당기게 되는 것입니다.

'깨어있음'을 유지하면서 여러분은 한계가 존재하는 육체의 속박이나 인간의 뇌가 가진 한계를 느끼며 자주 답답함을 느끼게 될 것입니다. 우리가 온 곳은 8차원 이상의 영적 세계이기 때문에 이 원시적인 세계가 답답하다고 느끼는 것은 어쩌면 당연한 것일지도 모릅니다.

---

3 이중명상 : 명상속에서 명상을 하는 방법 입니다. Ssal 2편에서 자세히 다룰 예정 입니다.

그러나 여러분이 만약 그 답답함을 느끼기 시작하였다면 여러분의 '깨어있음'은 점점 무르익고 있는 것입니다. 알아채고 비우고 씻고 담는 과정에서 우리는 존재의 본질을 깨닫게 될 것입니다.

그리고 그 과정에서 인간이기에 원하는 표면적인 부가 아닌 내가 진정 원하는 것을 찾을 것이며 그것을 창조하는 진정한 우주적 사건을 만들게 될 것입니다.

과정의 모든 것은 동시에 조금씩 일어나고 반복하며 발전해 나아갈 것입니다. 모든 퍼즐이 맞물려 큰 그림의 윤곽이 드러나고 시계의 톱니들이 정교하게 맞물리듯 그 하나하나의 역할들을 깨닫게 될 것입니다.

'Ssal'의 시도는 나의 정해진 체험 여행의 경로를 바꿔 또 다른 차원의 경로를 찾도록 선언하는 것과 같습니다. 우리는 Ssal의 창조 원리를 사용하여 원하는 경로의 미래로 나를 이동시킬 수 있습니다.

비디오 게임을 해 보신 분이라면 게임에 사용된 그래픽 전체가 상시 활성화되어 있는 것이 아니라는 것을 잘 아실 것입니다. 게임의 그래픽은 캐릭터의 이동에 따른 '버텍스 vertex'[4] 주변의 일부분만 로드되어 효율적인 운영과 빠른 속도를 추구합니다.

우리가 살아가는 3차원의 세계는 내가 창조를 시작하는 순간 영적

---

4 Vertex (버텍스) : 3차원 공간에서 위치를 표시하는 x,y,z 좌표의 점을 말합니다. 색상, 방향, 텍스쳐 정보를 함께 가집니다. 3차원 오브젝트(object)는 버텍스를 이용하여 만들어지고 렌더링이 가능합니다.

설계도에 존재하는 데이터의 지점으로 이동하여 체험이 진행됩니다. 또는 새로운 신념의 출현이나 Ssal과 같이 완전히 새로운 멀티버스를 창조하여 그곳으로 이동하여 체험이 계속되는 것입니다.

우리는 대부분은 그 이동을 전혀 느끼거나 알 수 없습니다. 그러나 영적인 에너지가 강한 사람들은 미세한 에너지의 흐름이 바뀌는 것을 알아차릴 수도 있습니다.

그것이 바로 '데자뷔 déjà vu'[5] 현상입니다. 데자뷔는 처음 직면한 현실을 반복하는 것처럼 느끼는 것을 말합니다. 우리가 Ssal을 그리고 반복적으로 보면서 느끼게 되는 것이 생생한 데자뷔 현상입니다. 우리는 Ssal을 통해 의식, 무의식적으로 새로운 미래로의 이동을 원했기 때문에 데자뷔를 자주 느끼게 됩니다.

그런 장면을 만나게 되면 "어! 이 장면 어디에서 한 번 본 것 같은데..." 하는 생각이 들거나 처음 간 장소인데 "나 여기 와 봤던 곳 같은데..." 하는 익숙한 느낌이 바로 그것입니다.

우리는 상상할 수도 없는 높은 차원의 데이터를 낮은 진동의 차원으로 구현한 것이 이 3차원의 우주입니다. 인간은 3차원 체험을 통하여 데이터 상태의 세계를 검증하기위한 여행을 하는 것입니다. 우리는 'Ssal'을 거듭할 때마다 창조한 새로운 미래를 점점 더 생생하게 볼 수 있습니다. 이것의 의미를 예를 들어 설명해드리겠습니다.

---

5 déjà vu(데자뷔) : 프랑스어의 "이미 본" 이란 뜻으로 같은 장면을 반복하여 보거나 경험하는 것을 말합니다.

불이 꺼진 수 천개의 전구가 있다고 가정해 보겠습니다. 이 전구 하나하나가 나의 선택을 기다리는 창조적 삶의 데이터라고 상상해 보시기 바랍니다. 나는 이 세계를 '가능성의 펼침'이라고 이름 지어 보겠습니다. 이 가능성의 펼침은 태초로부터 계획된 설계도입니다.

그러나 설계된 이후로 작동된 적은 없었습니다. 이곳은 내가 살아가고 있는 현재의 전구 하나만 불을 밝히고 있습니다. 앞서 나는 우리가 창조를 시작하는 순간 영적 설계도에 존재하는 데이터의 지점으로 이동하여 체험이 계속된다고 말씀드렸습니다.

그러나 내가 Ssal을 실행하여 원하는 그림을 그리고 그것을 생생한 현실로 받아들이면 그 순간 그것이 포함된 다른 차원의 우주를 새롭게 창조하게 되는 것입니다.

마치 지금 사는 현실의 전구가 꺼짐과 동시에 내가 원하는 다른 삶의 전구가 켜지게 되는 것과 같습니다. 그리고 거룩한 시간을 지나 당신이 원했던 것들은 당신 앞에 현실로 나타날 것입니다.

여러분의 상상 속에서는 불 꺼진 전구가 아닌 전혀 다른 이미지로 그려질 수 있습니다. 이 불 꺼진 전구의 예는 여러분의 이해를 돕기 위해 나의 영적 심상에 나타난 구조로 설명해드린 것입니다.

여러분도 이것을 느끼는 순간이 올 것입니다. 그 순간에 떠오르는 이미지가 누군가에게는 마블의 영화 '로키 LOKI'에서처럼 넥서스 사건의 이상 타임라인과 같이 나뭇가지의 모습으로 느껴질 수 있을

창조를 만드는 기쁨의 힘

것입니다.

또 어떤 사람은 영화 '인터스텔라 Interstellar'의 블랙홀 속에 표현된 4차원의 '테서랙트 Tesseract[6]'와 같은 모습으로 심상안에 그려질 수 있습니다. 그 어떤 것이든 여러분의 내면에 그려지는 느낌 그대로일 것입니다.

마치 영화처럼 현실의 우리에게는 지속적인 차원 이동이 일어나고 있습니다. 이렇게 사람마다 다른 심상으로 체험의 지구를 느끼는 것은 우리가 체험하는 지구는 하나가 아니기 때문입니다.

우리가 동시에 체험하는 지구는 수많은 멀티버스가 존재할 뿐만 아니라 여러 차원에 걸쳐 구현되어 존재하기 때문에 그 수를 가늠할 수 없을 만큼 방대합니다.

여러분은 그것이 어느 정도인지 상상하기 어려울 것입니다. 인류가 만든 가장 좋은 우주선을 타고 화성까지 가는데도 현재는 약 200일이 걸리고 그것도 화성이 지구와 가장 가까워 졌을 때 가능한 기간이기 때문입니다. 우리가 관측할 수 있는 우주의 크기가 대략 930억 광년입니다.

그런데 그런 우주가 셀 수도 없이 많이 존재할 뿐만 아니라 다차원에 걸쳐 펼쳐져 있다고 생각해 보시기 바랍니다.

---

6 태서랙트(Tesseract) : 테서랙트의 개념은 영국의 '찰스 힌턴'이 4차원을 설명하기 위해 고안한 4차원 볼록의 정다포체를 말합니다.

여러분도 오랜 기간 관심을 갖고 질문을 던지면 명상을 통해 이것을 점점 느껴 알게 될 것입니다. 그리고 그곳에 존재하는 모든 존재의 의식과 내가 연결할 수 있으며 그 에너지를 모두 사용할 수 있다는 것입니다.

이것을 좀 더 체계적으로 알려드리기 위해 나는 집중하여 수업 중입니다. 아마도 이것은 다음 책에서 자세히 말씀드릴 수 있을 것 같습니다.

이제 여러분은 지금의 현실이 주는 환경에 속지 마시기 바랍니다. 이것은 구분을 통해 체험을 완성하는 도구일 뿐입니다. 우리 주변의 환경은 언제든 마음만 먹으면 바꿀 수 있는 '시뮬레이션 Simulation'[7]과 같습니다.

여러분이 현실에서 깨어나기 힘든 이유는 그것이 매우 정교하기 때문입니다. 남국의 아름다운 바닷가 뜨거운 태양 아래 숨겨진 작은 해변을 상상해보시기를 바랍니다. 이곳은 사람들이 잘 오지 않는 현지인들만 아는 비밀스러운 해변입니다.

이곳은 하염없이 부딪치는 파도와 이리저리 흩어진 바위들 그리고 구부러진 해안선이 있습니다. 나는 우거진 나무 그늘 아래에 앉아있습니다. 이 모든 것은 나의 마음을 평화롭게 합니다. 아름다운 새소리와 파도 소리를 들으며 한참 동안 멍하니 주변을 바라봅니다.

---

[7] 시뮬레이션(Simulation) : 현실의 실제 상황을 가상으로 재현한다는 의미이며 가상의 상황에서 실제 문제를 안전하고 효율적으로 해결할 수 있습니다.

수없이 반복되는 파도가 모래와 바위에 부딪힐 때 나는 그것을 바라보며 한없이 망중한을 즐깁니다. 그러다 놀라운 점을 발견했습니다. 파도가 모래를 움직여 만들어 내는 모래사장의 곡선과 파도의 너울거림이 단 한 번도 똑같은 적이 없다는 것입니다.

머리 위 야자나무의 긴 이파리가 바람에 흔들릴 때에도 이것들은 단 한 번도 똑같이 움직이지 않습니다. 시원한 그늘을 제공하는 나뭇잎들도 가까이 가서 살펴보니 어느 것 하나 똑같이 생긴 것이 없습니다. 정말이지 끔찍하게 정교합니다.

우리는 이 지구라는 세계에 대해 과연 몇 퍼센트나 알고 있을까요? 그런데 이 거대한 생명체 지구는 지금 우리의 창조적 체험을 위한 모든 사람의 집인 것입니다. 누가 이곳을 테스트를 위한 공간이며 창조의 검증을 위한 일터이고 사랑의 완성을 위한 거룩한 무대라고 생각하겠습니까?

그것뿐만 아니라 우리는 이 환경에서 깨어나 혼의 영역 너머의 창조에 도전하고 있습니다. 깨어남이라는 것은 그 자체가 시스템에서 가장 기뻐하는 창조적 사건입니다.

그리고 우리가 그리는 'Ssal'의 계획은 혼의 로드맵을 넘어선 완전히 새로운 창조이며 새로운 '멀티버스'를 만드는 일인 것입니다. 하지만 깨어남이 일어나고 깨달음을 얻은 후에도 여러분은 자주 그 이전의 전구를 켜게 될 것입니다. 그 이유는 앞서 말씀드린 인간의 뇌가 가진 한계에서 발생하는 망각과 부정적인 생각 때문입니다.

망각은 우리의 관심에서 멀어진 기억을 지우고 계속해서 학습해야만 살아갈 수 있도록 만듭니다. 또 부정적인 생각은 끊임없이 쏟아져 인간을 피폐하게 만듭니다.

그러나 인간은 생각과 망각이 있기에 미완의 자유가 주어졌습니다. 따라서 우리는 부정적인 생각에 의식의 주도권을 넘겨주어선 안 됩니다.

넘치도록 뿜어져 나오는 부정적인 생각과 시간에 가려진 망각이 나의 현실의 환경과 만나 주도권을 가지면 창조를 방해하고 이전 세계의 전구를 다시 켜는 버튼이 되기 때문입니다.

나는 내적 폭발이 일어난 후 40일이 지나고 아이가 태어나 바쁜 회사생활과 갓난아기의 육아를 하며 점점 깨어남에서 멀어지게 되었고 피로와 스트레스로 원천적 기쁨에서 멀어지고 결국에는 아예 잃어버리게 되었습니다.

그리고 끊임없이 쏟아지는 생각을 구분하지 못해 생각의 바다에 표류하며 뱀과 같은 나쁜 생각들이 현실에 그대로 나타나도록 방치하였습니다. 그렇게 10년 동안 어둠의 터널을 지나고 어느 날 한 줄기 빛처럼 시작된 동시성에 이끌려 나는 다시 깨어나게 되었습니다.

여러분은 이제 내 주변에 어떤 환경이나 장애물이 있어도 자신을 꺼져가는 전구 속에 방치되도록 그냥 놔두지 않겠다고 다짐하시기 바랍니다. 창조적 삶을 위한 연습과 컨트롤은 어렵습니다. 그리고 어떤 사람들은 시간이 아주 오래 걸릴지도 모릅니다.

그러나 여러분이 처음 운전을 배울 때를 생각해 보시기 바랍니다.

처음에는 손이 부들부들 떨리고 핸들을 부서지라 꽉 잡고 거북이처럼 운전합니다. 하지만 1~2년 후에는 한손으로 핸들을 잡고 여유 있게 음악을 들으며 고속도로를 빠르게 달리는 날이 찾아오게 됩니다.

'깨어있음'도 마찬가지입니다. 처음에는 어색하고 피곤한 일일지도 모릅니다. 잊으려 했던 괴로운 기억들이 비산하여 우울하고 괴로울지도 모릅니다. 주변 사람들이 떠나가고 바뀌는 시기에는 홀로 외롭고 힘이 들지도 모릅니다.

그러나 우리는 창조적 삶을 이루기 위해 여기 있습니다. 마음과 생각과 무의식을 구분하여 사용하고 'Ssal'을 통해 창조의 멀티버스를 자유롭게 이동하는 날이 우리에게 반드시 찾아오게 될 것입니다.

결국 우리는 정상에서 우리가 이룬 것들을 바라보며 미소짖게 될 것입니다.

@ Ilugram

관찰자 Ssal!

최근 사회적으로 '양자역학 Quantum mechanics'에 대한 관심이 뜨겁습니다. 양자역학은 원자 단위 이하의 아원자 입자 등 미시 세계에서 일어나는 현상을 탐구하는 현대물리학의 한 분야입니다.

양자역학은 과학기술뿐만 아니라 다방면에 큰 영향을 미친 입자와 파동에 관한 기초 이론입니다. 나노 단위를 다루는 반도체의 작동 원리를 설명할 수 있는 것도 양자역학 덕분이라 할 수 있습니다.

21세기를 살아가는 현재는 양자역학 없이는 인간의 삶 전반을 설명하기 어려운 시대를 살고 있다고 해도 과언은 아닐 것입니다.

2022년 10월 4일 스웨덴 왕립과학원 노벨위원회는 전 세계의 양자역학 분야 연구를 이끌어온 프랑스의 알랭 아스페 Alain Aspect, 미국의 존 클라우저 John F. Clauser, 오스트리아의 안톤 차일링거 Anton Zeilinger를 역대 116번째 노벨 물리학상 수상자로 선정했습니다.

여러분이 잘 알고 있는 역사상 가장 위대하고 영향력 있는 물리학자 '알베르트 아인슈타인 Albert Einstein' 역시 상대성 이론으로 1921년 노벨 물리학상을 받았습니다. 그러나 그는 "신은 주사위 놀음을 하지 않는다."라며 양자역학을 부정했고 죽을 때까지도 그 뜻을 굽히지 않았습니다.

그러나 100여 년이 지난 2022년 현재의 노벨위원회는 노벨물리학상 세 명의 수상자 모두를 양자역학 연구자로 선택한 것입니다.

미국에서 가장 존경받는 이론물리학자 '존 휠러 John A. Wheeler'는 아인슈타인 다음으로 일반상대성 이론을 현대 과학의 반석 위에 올려놓은 인물로 물리학자이며 미국 프린스턴 대학의 교수로 잘 알려져 있습니다.

그가 대중에게 명성을 얻게 된 계기는 '블랙홀'이란 용어를 처음 만들었기 때문입니다. 그는 일반상대성 이론을 연구한 학자임에도 불구하고 현대의 양자역학에 관한 많은 업적을 남겼습니다.

"관찰하기 전까지 아무것도 존재하지 않는다."

그가 남긴 이 말은 우리가 살아가는 세계가 관찰자의 의식으로 미래에 나타날 결과를 바꿀 수 있다는 것으로 영적인 세계와 과학을 연결하는 아주 중요한 의미를 갖습니다.

이것을 증명하는 실험으로 양자역학을 설명할 때 자주 등장하는 '이중 슬릿 실험'이 있습니다. 전자총을 이중 슬릿을 향해 쏘면 전자가 이중 슬릿을 통과해서 벽에 닿을 때 파동의 형태를 나타내는 간섭무늬가 나타났습니다. 전자가 입자라고 생각했던 실험자들은 당황하여 재실험하였습니다.

그런데 실험자들이 관찰하며 전자총을 쏘았을 때는 전자가 입자의 형태로 나타난 것입니다. 그뿐 아니라 양자 역학에서는 이 입자가 여러 차원에 동시에 존재할 수도 있다고 해석합니다.

'존 휠러'는 "시간이란 모든 것이 한꺼번에 일어나지 못하도록 막는 것이다."라는 말을 남겼습니다. 이것은 과학계뿐만 아니라 철학, 문학, 예술 등 여러 분야에 영감을 주었습니다.

내가 앞서 여러분께 말씀드린 시간의 개념이나 존재의 연결성, 그리고 차원의 이동성은 양자역학을 통해 과학적으로 증명되어가고 있습니다.

존 휠러 교수의 연구들은 SF영화에 많은 부분 적용되었는데 대표적인 것이 앞서 말씀드린 '블랙홀 이론'과 우주 공간에서 시공간을 가로질러서 갈 수 있는 지름길 '웜홀'의 아이디어입니다.

그 밖에도 '반전자는 전자가 시간을 거꾸로 거슬러 올라가는 실체'라는 아이디어가 있습니다. 이것은 최근에 SF의 거장 '크리스토퍼 놀런 Christopher E. Nolan' 감독에 의해 만들어진 영화 '테넷 TENET'의 모티브가 되기도 하였습니다.

이제 인간은 양자역학을 활용하여 양자 영역의 컴퓨터를 만들고 있습니다. 양자 물리학의 속성을 활용하여 계산을 수행하는 양자 컴퓨터의 정보의 단위는 '큐비트'로 0, 1또는 0및 1의 양자 중첩을 값으로 가질 수 있어 일부 계산 작업의 경우 기하급수적인 속도 향상을 제공합니다.

양자컴퓨터는 기존의 컴퓨터가 1,000년에 거쳐야 할 수 있던 계산을 단 4분 만에 처리가 가능합니다. 만약 양자컴퓨터가 앞으로 우리의 일상생활에 도입된다면 지금과는 전혀 다른 세상을 만들어낼 것입니다.

이러한 속도 향상은 양자 역학의 세 가지 현상인 간섭 및 중첩 그리고 얽히므로 가능하다고 합니다. 과학의 발전으로 이제 인간은 우주 의식과 만날 수 있는 준비를 하고 있습니다.

양자역학의 발전과 의식의 깨어남으로 지구는 의식의 차원 상승을 통해 우주 의식의 단계를 높이게 될 것입니다. 우주 의식이 높아지면 지구는 전 우주적 사고를 깨닫고 다른 은하들과 교류가 가능하게 될 것이며 다른 우주로의 여행도 가능하게 될 것입니다.

앞서 말씀드린 것과 같이 인간이 관측이 가능한 우주의 지름은 930억 광년이며 이 광활한 우주에는 1,700억개의 은하가 있고 우리은하 정도 되는 은하는 500억 개가 존재할 것으로 추정되고 있

습니다.[1]

그리고 호주국립대학의 천문학자들은 '우주에 있는 별의 총수'[2]는 7 곱하기 10의 22승 개라고 발표했습니다. 이 숫자는 7 다음에 0을 22개 붙이는 수로서 이것은 7조 곱하기 1백억 개에 해당합니다. 이 수는 세계의 모든 해변과 사막에 있는 모래 알갱이의 수보다 10배나 많은 것입니다.

우리 태양계가 속한 은하의 이름은 영어로 '더 밀키웨이 the Milky way'이고 라틴어로는 '비아 락테아 Via lacteal'입니다. 우리은하에 속한 별들은 4,000억개 이상이라고 합니다. 그리고 우리은하에는 그 주변을 돌고 있는 소 은하가 있는데 그 수가 무려 11개나 된다고 합니다.

구소련의 천문학자 '니콜라이 카르다 셰프 Nikolai Kardashev'는 에너지 사용량으로 문명의 기준을 세우는 아이디어를 착안하였습니다. 발전된 외계 문명이라면 고유한 형태의 복사에너지를 방출할 것이라는 전제하에 에너지 사용에 따른 1~ 3단계로 이루어진 척도를 제안하였습니다.

이것을 '카르다 셰프 척도 Kardashev scale'[3]라고 부릅니다.

---

1 참조 : '우주' 위키백과 wikipedia.org
2 우주에는 별이 얼마나 있을까? 〈민영기 과학문화재단 석좌연구위원〉 sciencetimes.co.kr 2003.09.26
3 카르다 셰프 척도(Kardashev scale) : 위키백과 wikipedia.org

카르다 셰프 척도는 순전히 이론적이며 주로 진보된 문명의 가상 기술 능력을 논의하고 비교하기 위한 도구로 사용된다는 점을 참고해 주시기를 바랍니다.

1단계 : 행성급 에너지 이용 문명

카르다 셰프 척도에 따르면 지구는 아직 1단계 도달하지 못한 수준이며 22세기쯤 1단계에 도달이 가능할 것이라 예상합니다. 그러려면 앞으로 지금의 500배 이상의 에너지 운용이 필요합니다.

제1단계는 '행성급 에너지를 이용하는 문명'으로 핵융합 에너지를 사용하고 반물질의 원료를 에너지로 사용하게 되어 에너지 고갈에 대한 위험에서 벗어나게 됩니다. 또 모든 지진과 화산 활동을 통제하고 원하는 기후를 자유롭게 운용하게 될 것입니다.

지구는 에너지원의 획득을 위해 더 나아가 달 등의 가까운 위성, 소행성, 행성에서 광산 식민지를 개척하여 자원을 채취하고 태양계 자원의 대부분을 활용하게 될 것입니다.

나는 지구가 1단계 문명에 접어들면 단일 정부를 구성하고 에너지를 공유하게 될 것이라 예상합니다. 그러면 지구상에는 기아로 죽는 아이들은 사라지게 될 것입니다.

이후 지구가 태양계 모든 행성을 개척하고 자원 대부분을 활용한다면 2단계 문명으로의 진입이 가능하게 될 것입니다.

제2단계 : 항성급 에너지 이용 문명

우리는 태양과 같이 스스로 빛과 열을 발산하는 별을 항성이라 하는데 2단계 항성급 에너지를 이용하는 문명이 되기 위해서는 태양의 모든 에너지를 100% 활용해야 구축이 가능합니다. 이 것을 위해서는 태양 주위를 감싸는 초거대 구조물이 필요합니다. 이 아이디어를 '다이슨 스피어 Dyson Sphere'라고 합니다.

하지만 '다이슨 스피어'를 구현하기 위해서는 엄청난 자원이 필요합니다. 이것을 만들기 위해서는 태양계 자원을 모두 동원해도 충분하지 않다고 합니다.

그러나 만약 그것을 극복하고 제2단계의 진화에 성공한다면 인류는 초광속 항법 '워프', 초공간 도약 이동 '하이퍼 스페이스 점프'의 기술을 구현하여 원하는 우주의 지점으로 갈 수 있는 것이 가능하다고 합니다.

제3단계 : 은하급 에너지 이용 문명

3단계에 들어선 일류는 멸종 불가의 불사 문명을 이룩하며 항성 100억개의 에너지를 활용할 수 있는 문명으로 발전하게 되는데 초거대 질량을 가진 블랙홀이나 나선형 은하에서도 에너지의 추출이 가능하게 된다고 합니다.

이때는 다른 은하계로의 진출이나, 행성과 항성을 옮기거나 창조하고 나중에는 중성자별과 블랙홀, 은하조차 건축자재로 여길지도 모르고, 심지어 우주론적 사상의 지평선 너머로 사라졌을 은하계들을 그들의 문명이 있는 곳으로 다시 끌어당길 수 있다고 합니다.

그러나 '카르다 셰프'는 대부분의 문명은 2단계에서 소멸할 것이며 3단계까지 미치지 못할 것이라고 예상하였습니다. 그는 인류가 제3단계의 진화를 이루는 것이 만약 가능하다면 10만년 ~ 100만년의 세월이 필요하다고 생각하였습니다.

그러나 카르다 셰프 척도의 아이디어는 1964년에 발표되었습니다. 현재는 과거 5000년의 데이터보다 많은 양의 데이터가 하루 만에 생산되는 시대입니다. 현대 과학의 발전은 점점 더 가속도를 붙여 가고 있습니다. 현재는 과학 발전 속도와 함께 깨어남의 속도도 빨라지고 있는 것입니다.

현대 사회에서는 인터넷과 모바일 기술 등으로 인해 매우 높은 정보량이 주어지며, 이에 따라 개인들은 더 많은 정보를 받아들이고 처리하고 있습니다. 이는 더 많은 뇌 자극으로 인해 많은 인지 활동을 유발하고 이를 통해 의식의 각성이 증가할 수 있는 것입니다.

최근 뇌 과학자들의 연구에 따르면, 뇌를 자극하는 것이 의식의 각성을 촉진할 수 있다는 것이 입증되고 있습니다. 예를 들어, 수면 중에 외부 자극을 주는 것이 깨어 있는 상태보다 의식의 각성을 더 높일 수 있었다는 것입니다.

그뿐만 아니라 더 많은 사람이 명상을 찾고 정신적인 수련을 통해 의식의 각성을 촉진하고 있는 것으로 보고되고 있습니다. 이러한 수련은 심신의 안정과 균형을 유지하는 데 도움이 되고 더 높은 의식의 각성을 촉진할 수 있습니다.

우리는 우주 역사의 끝이 무엇일지 그 너머에 무엇이 있을지 아직 알 수 없습니다. 그러나 펼쳐진 가능성이 모두 체험되어 거의 완벽해진다면 우리의 여행은 끝이 보일 것입니다.

볼 수 없는 세계로 생각되던 영적인 세계와 에너지는 과학의 발전으로 증명되어 갈 것입니다. 영적인 세계가 지금보다 한차원 더 상승할 수 있다면 지구의 아이들은 학교에서 영적 창조의 힘을 배우고 그것을 일상에서 활용하는 것이 보편화될 것입니다.

지구 의식에 차원 상승이 일어나면 모든 지구인은 기계를 거치지 않고 영적 에너지만으로 소통이 가능하게 될 것입니다.

우리가 사용하는 영적인 힘은 현재 잘 알지 못할 뿐 미래에도 영영 알 수 없는 것이 아닙니다.

@ Ilugram

창조의 놀이터 루시드 드림

우리는 자면서 가끔 꿈을 꿉니다.

우리는 잠이 들면 꿈속에서 겪고 있는 상황들이 현실이 아니라는 것을 자각하지 못합니다. 그러나 꿈에서 깨고 나면 마침내 그것이 꿈이었다는 것을 알게 됩니다.

꿈은 오감을 통해 뇌에 오랜 시간 축적되어 저장된 여러 가지의 복합적인 정보가 꿈을 통해 한꺼번에 조합되어 재생되는 것입니다. 그것은 조상으로부터 축적된 기억마저 포함됩니다. 그뿐만 아니라 우리는 가끔 멀티버스의 여러 존재와 연결되어 그것을 '나'라고 인식하고 체험하기도 합니다.

그런데 어떤 사람들은 꿈속에서 자신이 꿈을 꾸고 있다는 사실을 알아차리는 경험을 하게 됩니다. 이렇게 자신이 꿈을 꾸고 있다는 사실을 자각하며 꾸는 꿈을 '루시드 드림 Lucid Dream'이라고 합니다.

그러나 어떤 사람은 '루시드 드림'을 평생 한 번도 경험하지 못하며 또 어떤 사람은 이것을 몇 번 경험하기도 하고 또 어떤 사람은 자주 경험한다고 합니다. '루시드 드림'[1]은 스스로 꿈을 통제할 수 있기 때문에 꿈을 꾸는 동안에 현실에서는 발휘할 수 없는 초능력을 자유자재로 사용할 수 있게 됩니다.

음악가라면 '루시드 드림'을 통해 잠재된 영감을 끌어내어 작곡하거나 그동안 원했던 사람들과 함께 연주를 해보는 것이 가능하게 됩니다. 예를 들면 이미 오래전에 고인이 된 유명 음악가와 함께 협연도 가능한 것입니다.

화가라면 '루시드 드림'에서 경험한 독특한 대상이나 풍경들 그리고 이야기들을 현실에서 그림의 소재로 활용할 수도 있습니다. 그래서 오래전부터 예술가들은 루시드 드림에서 수많은 영감을 얻었다고 합니다.

'루시드 드림'을 활용하여 현실에 반영한 사례는 아주 많은데 그중 몇 가지를 소개해 보겠습니다. 우선 우리에게 잘 알려진 천재 발명가 '니콜라 테슬라 Nikola Tesla'의 이야기입니다. 그는 교류용 전동기의 상용화를 최초로 실현한 물리학자이자 전기공학자입니다.

---

1 루시드 드림 (Lucid Dream) : 자각몽 (自覺夢)이라고도 하며 꿈속에서 자신이 꿈을 꾸고 있다는 것을 자각하는 꿈을 말합니다.

'테슬라'는 '루시드 드림'을 여행으로 표현했습니다. 자신은 밤마다 꿈속에서 여행하는데 그 여행에서 처음 보는 나라의 장소나 여러 도시 등을 다녀 보기도 하고, 그곳에 머물며 많은 친구를 사귀었다고 합니다. 그는 그들을 실제의 삶에 있는 친구들과 같이 소중하게 생각했으며 현실 어딘가에 존재하는 것처럼 세세히 묘사했다고 합니다.

그가 발명을 시작한 것은 17세부터인데 그때부터 그는 끊임없이 꿈속을 여행했다고 합니다. 그는 꿈속에서 자신의 발명에 대한 영감을 얻고 실험하였습니다. 그리고 그것을 현실에서도 똑같이 구현했는데 20여년간 단 한 번도 그것이 실패하지 않았다고 합니다.

다음은 스페인의 천재 화가 '살바도르 달리 Salvador Dali'입니다. '달리'는 꿈에서 본 풍경을 그림으로 그려 스페인 초현실주의 미술의 거장이 되었습니다.

여러분도 학창 시절 교과서에서 사막과 같은 풍경의 배경에 시계가 흘러내리는 달리의 유명한 작품 '기억의 지속 The Persistence of Memory, 1931'을 본적이 있을 거라 생각됩니다. 달리는 꿈 꾸는 것을 너무나 좋아했으며 "꿈속에는 최고의 아이디어가 있다"고 항상 극찬했습니다.

세 번째는 영화 '아바타 Avatar', '타이태닉 Titanic', '터미네이터 The Terminator' 시리즈로 유명한 영화감독 '제임스 캐머런 James Cameron'

입니다. 그의 영화 '아바타'는 166분이라는 긴 러닝타임에도 불구하고 환상적인 3D 그래픽으로 보는 내내 지루함을 느낄 새가 없었던 것으로 기억됩니다.

전 세계로부터 영상 혁명이라는 극찬을 받은 이 영화 '아바타'는 현재 13년 만에 후속작으로 다시 큰 주목을 받고 있습니다.

캐머런 감독은 '아바타'는 자신의 '루시드 드림'에서 영감을 얻어 만든 작품이라고 말했습니다. "영화에서 내가 보여주고자 한 것은 관객이 영화를 보는 내내 루시드 드림을 체험하도록 하는 것이었다."고 그는 인터뷰를 통해 밝혔습니다.

루시드 드림에서 영감을 받은 사람 중에는 영국의 전설적 밴드 '더 비틀스 The Beatles'의 멤버 '폴 매카트니 Paul McCartney'도 있습니다. 그가 작곡한 히트곡 'Yesterday'는 루시드 드림에서 들은 아름다운 멜로디에 가사를 붙여 완성한 곡이라고 합니다.

미국의 골프 레전드 '잭 니클라우스 Jack Nicklaus'는 한때 극심한 슬럼프를 오랫동안 겪고 있었습니다. 그는 어느 날 '루시드 드림'을 꾸었는데 그는 루시드 드림에서 그립[2]을 새롭게 착안하였고 그 이후로 슬럼프를 극복하여 다시 정상에 복귀하게 되었습니다.

학자들은 꿈을 꾸는 수면을 렘(Rapid Eye Movement: REM)수

---

[2] 골프 그립 : 골프클럽(또는 골프채)을 손으로 감싸 쥐거나 잡는 방법 또는 고무 손잡이 자체를 말합니다.

면이라고 하는데 전체 수면의 20~25%를 차지하는 얕은 수면이라고 합니다. 깊은 수면은 비렘(Non-REM) 수면이라 하는데 수면의 대부분을 차지합니다.

나는 앞서 잠들기 전 'Ssal'을 하면 좋은 이유를 소개하였습니다. 약간의 졸린 상태부터 '렘수면'까지는 영이 완전히 육체를 떠난 상태가 아니며 의식과 무의식이 공존하고 욕망이 자유롭게 분출되며 이성적 제어가 없는 상태입니다.

따라서 이 상태에서 꿈을 꾸면 누군가를 살해하기도 하고 악귀에게 쫓겨 도망을 다니기도 합니다. 그리고 마음껏 하늘을 날기도 하며 맨손으로 벽을 타고 오르기도 아주 쉽습니다. 현실에서는 불가능한 모든 종류의 초능력도 루시드 드림에서는 마음껏 발휘할 수 있는 것입니다.

그런데 만약 꿈속에서 각성하여 '루시드 드림'으로 전환된다면 마치 영화 '가디언즈 오브 갤럭시 Guardians of the Galaxy' 2편의 작은 신이며 셀레스티얼 종족인 '이고 Ego'와 같은 존재가 될 수 있는 것입니다. 이 영화에서 '이고 Ego'는 주인공 '스타로드'의 아버지로 정식 명칭은 'Ego the Living Planet 살아있는 이고 행성'이며 행성을 창조하고 생명을 자유자재로 만드는 신적인 모습을 보여 줍니다.

'루시드 드림'을 경험해 본 사람이라면 이것이 얼마나 매력적인 것인지 잘 알고 있을 것입니다. '루시드 드림'은 꿈속 세계 자체에만 매력이 있는 것이 아니라 그 능력이 현실 세계로 이어질 수 있기 때문에 더욱 강력한 도구입니다.

그러나 루시드 드림을 자유자재로 사용할 수 있는 사람의 수는 많지 않습니다. 그래서 루시드 드림을 연구하는 학자들은 여러 가지 방법을 제시하고 있습니다. 그런데 열심히 따라 해 보아도 루시드 드림을 자주 꾸는 것은 쉽지 않다는 것을 알 수 있습니다. 그러나 우리는 여기서 포기할 필요는 없습니다.

여러분이 'Ssal'을 꾸준히 연습하여 원하는 장면이 잘 그려지고 그 이야기 속에 그려지는 주인공의 모습이 '나'로 완벽히 보여지는 익숙한 상태가 되면 꿈속에서도 루시드 드림으로 자연스럽게 각성이 될 때가 많기 때문입니다.

우선 잠들기 전 자신의 Ssal 리스트를 읽고 순서대로 시도합니다. Ssal을 시작하고 보는 중에 원하지 않는 영상이 그려지거나 주인공의 얼굴이 나의 얼굴로 보여지지 않으면 재빨리 삭제와 수정을 시도합니다.

Ssal을 마치고 잠이 들면 루시드 드림으로 잘 각성이 되는데 그 이유는 꿈속에서도 내가 원하지 않는 것이 나타나면 Ssal에서와 같이 수정하려고 시도하게 됩니다.

바로 그때 지금 이 상황이 현실이 아니라는 것을 느끼고 순간적으로 각성하여 꿈을 꾸고 있다는 것을 알게 됩니다. 꿈에서 Ssal처럼 수정하려고 하면 그것을 컨트롤할 때 속도가 아주 느껴지고 영상이 찌그러지는 듯한 느낌을 받기 때문입니다.

그때부터 '창조의 놀이터 루시드 드림'이 시작되는 것입니다. 루시드 드림 중에는 평소에 그리던 '장면 노트'의 모든 Ssal을 경험할 수 있습니다. 그토록 염원하던 것들을 체험해보고 진짜 나의 내면이 원하는 것과 그냥 표면적으로 원했던 것의 구별이 가능하게 됩니다.

예를 들면 루시드 드림 중에 건물주도 되어 보고 요트를 사서 파티도 즐겨 봅니다. 그랬더니 그것들이 나와 얼마나 맞지 않는지 알게 되는 계기가 되었습니다. 정작 천문학적 부를 누리면 그런 것들은 정말 귀찮은 상황들을 만들어 냅니다. 물론 이것은 나의 개인적인 경험이며 견해일 뿐이니 참고만 하시기 바랍니다.

'루시드 드림' 중에도 스토리의 변수는 존재합니다. 꿈에서 원치 않는 상황이 만들어지면 바로 원하는 상황으로 바뀌도록 생각을 이어 나가면 됩니다. 그럼 대부분은 여러분이 원하는 대로 스토리의 전개가 될 것입니다.

특히 스토리가 전개되면서 숫자가 나온다면 잘 기억하셨다가 복권을 살 때 활용해 보시기 바랍니다. 그럼 좋은 결과가 생길 것입니다. 오래전 나의 '루시드 드림' 초기의 예를 들어 보겠습니다.

꿈속에서 나는 잘 차려 입고 어떤 건물 안에 들어왔습니다. 화려한 인테리어와 모습이 아마도 호텔인 것 같습니다. 엘리베이터를 타려고 기다리는데 1층 표시가 되는데도 문이 열리지 않았습니다.

곁에 있던 직원에게 물었더니 "호텔이 경사면에 지어져 손님이 들어오신 곳은 2층입니다."라고 말해 주었습니다. 잠시 후에 엘리베이터의 숫자가 2로 바뀌고 그와 나는 탑승을 하였습니다.

그는 나에게 몇 층을 가는지 물었습니다. 나는 10층을 간다고 말했고 그는 10층의 버튼을 눌러 주었습니다. 그리고 그 숫자들은 그 주에 복권의 잭폿 번호로 나오게 되었습니다.

학자들이 '루시드 드림'을 쉽게 경험하도록 가르치는 수업 중에 초심자들에게 추천하는 방법이 있는데 그것은 바로 '꿈 일기'를 쓰는 것입니다. 반복하여 꿈을 기록하다 보면 꿈이 점점 선명해지고 '루시드 드림'을 경험할 확률도 높아진다고 합니다.

앞으로 '장면 노트'에 꿈 일기와 루시드 드림 시도에 대한 연구내용을 기록하고 연습하여 좋은 결과를 만들어 보시길 바랍니다.

'루시드 드림'을 성공하기 위해서는 너무 피곤한 상태에서 잠이 들면 성공하기 어렵습니다. 앞서 말씀드린 것과 같이 루시드 드림은 얕은 수면인 '렘수면'의 상태에서 가능하기 때문입니다. 너무 피곤한 상태가 되면 렘수면이 짧아지고 바로 깊은 수면 상태인 '비렘 수면'으로 들어갈 것이기 때문입니다.

우리가 일반적인 하루를 보냈다면 몸은 저녁 9시~10시 사이에 잠을 자라는 신호를 보냅니다.

따라서 10시~11시 사이에 잠을 자기 위해서는 9시 이전에 따뜻한 물로 샤워한 후 잠옷으로 갈아입는 등 잠자기 전 해야 할 모든 준비를 끝내고 Ssal을 시작해야 합니다.

정확한 타이밍은 개인마다 차이가 있기 때문에 자신의 라이프 스타일에 맞게 조절하여 본인에게 맞는 시간을 찾으시고 루시드 드림에 성공하기를 바랍니다.

루시드 드림에 성공하면 내가 진짜로 원하는 자유가 무엇인지 알게 되는 황홀한 체험을 하게 될 것입니다. 루시드 드림은 현실에서 이루기를 원하는 창조를 미리 테스트해 보고 그것이 나에게 진정으로 도움이 되는지 알아볼 좋은 기회가 됩니다.

우리는 영적인 세계에서 이미 많은 멘토의 도움을 받아 큰 틀의 로드맵을 체험하고 있습니다. 이 또한 큰 의미가 있는 것이며 우리가 가장 잘하는 타고난 자질이기도 합니다.

깨어남 이후에 우리는 수많은 과거 전생과 미래 그리고 멀티버스들의 나까지 모든 존재와 연결되기 때문에 갑자기 여러 가지의 새로운 재능이 나타나게 됩니다. 그래서 많은 것들이 하고 싶고 또 되고 싶은 마음이 생깁니다. 그러나 막상 그것을 루시드 드림에서 체험하고 나면 많은 부분 생각이 달라집니다.

미디어에서 비친 다른 사람들의 풍요로운 삶이나 그들이 가진 좋은 물건들을 보면 갖고 싶은 마음이 드는 것도 마찬가지입니다. 그것을 막상 가지면 잠시 좋을 수 있으나 오래가는 것은 많지 않을 것입니다.

루시드 드림과 Ssal을 통해 여러분은 진정으로 원하는 것을 깨닫게 될 것입니다. 힌트를 드리면 일정한 수준의 표면적 욕구를 채우고 나면 그다음은 내면의 평화와 일상의 기쁨을 유지하는 것 이외에는 큰 관심이 없어진다는 것입니다.

루시드 드림은 멀티버스에 존재하는 수많은 존재와도 관련이 있습니다. 이것에 관한 것은 좀 더 수업하여 다음 책에서 알려드리도록 하겠습니다. 여러분이 루시드 드림을 사용할 수 있게 되면 더 많은 깨달음과 지혜를 얻게 될 것입니다.

루시드 드림을 꾸준히 수업하여 자기만의 멋진 영적 여행으로 만들어 보시기를 바랍니다.

균형을 위한 살핌

10여년 전만 해도 깨어남에 관한 검색을 하면 원하는 내용을 거의 찾을 수 없을 정도로 정보가 없었습니다. 그러나 현재는 깨어남과 영적 성장에 대해 검색하면 수많은 정보와 관련 커뮤니티들이 검색되고 수준 높은 내용들이 아주 많다는 것을 알 수 있습니다.

깨어남 이후에 우리의 관심은 자기 삶을 풍요롭게 하기 위한 창조뿐만 아니라 연결된 모든 것에 헌신하기 위한 관심과 사명이 생기기 시작합니다. 앞서 깨어난 선각자 중에는 자신이 경험한 영적 깨어남에 대해 웹사이트를 만들어 공유하고 선한 가이드 역할을 하는 분들이 많이 있습니다.

그리고 지금 저와 같이 책을 통해서 깨어남을 돕는 사람들도 아주 많습니다. 영적인 깨어남은 점점 속도를 내며 빨라질 것입니다.

여러분 또한 각자의 혼이 가진 장점을 살려 선한 가이드의 역할을 하게 될 것입니다. 이것은 우리가 모두 연결되어 지구의 의식을 한 차원을 높일 시기가 다가오고 있기 때문입니다.

그러나 아직 여러분은 균형을 잘 유지해야 합니다. 영적인 성장에만 몰입하다 보면 '마음'과 '몸'을 돌보지 않는 경우가 많이 있을 것입니다. 깨어남 초반에 혼란스러운 기간을 지나고 나면 이후에 사회의 매트릭스와 통제에 대해 깨닫게 될 것입니다. 그와 동시에 수많은 깨달음이 공존하기 때문에 더욱더 영적인 각성에 이끌리고 집중하게 될 것입니다.

이끌리며 바라보는 기간이 지나고 독서나 미디어를 통한 트레이닝이 어느 정도 믿음의 기반을 만들어 주었다면, 이제 영적인 양식뿐만 아니라 마음의 양식과 몸의 양식을 골고루 살피고 돌봐야 합니다. 영적인 활동에만 집중하고 나머지를 돌보지 않으면 마음과 몸은 결핍을 느끼고 자신도 모르게 무의식에 불만이 쌓이게 됩니다.

계속해서 방치하면 균형을 잃고 원치 않는 방향으로 실수가 나오거나 건강을 잃어 오히려 영적인 성장에 방해받을 수도 있습니다. 만약 여러분 중 누군가가 더 깊은 연구와 깨달음의 길을 가기 위해 세속과 인연을 끊고 수행자가 되어 살아간다면 문제가 되지 않을 것입니다.

그러나 세속과 함께 살아가야 한다면 균형이 중요합니다. 현재 우리는 3차원의 물질세계에 머무는 삼중 인간임을 잊어서는 안 됩니다.

영적인 체험에 깊이 빠지다 보면 정신은 순수함으로 돌아가고 점점 기쁨이 충만해 지지만 육과 혼은 아직 준비되지 않은 상태일 수 있습니다.

영적인 깨어남이 있고 'Ssal'을 통해 새로운 미래가 조금씩 성공을 이루고 있다고 해서 아무것도 하지 않고 영적 체험에만 머물러 있어서는 안 됩니다. 일순간 나의 사상의 틀이 깨져 혼란스러워도 우선 주어진 일상을 살아야 하고 직장이 있다면 정해진 시간에 출근해야 합니다.

아무런 계획 없이 하루아침에 혼의 로드맵을 무시하고 일상을 파괴해서는 안 됩니다. 그리고 몸이 원하는 것 또한 잘 살펴서 그것을 체험하도록 해야 합니다. 예를 들면 루시드 드림과 독서에 몰입하여 수면장애에 빠지거나 수면 부족에 시달려 삶의 패턴을 잃어서는 안 됩니다.

'Ssal'의 창조 또한 몸과 마음 그리고 정신이 하나가 되어 만들어내는 것입니다. 충분한 수면과 휴식, 영양분의 섭취 그리고 운동을 통해 건강한 몸과 균형 잡힌 삶을 유지하면서 창조를 이루어야 합니다.

그뿐만 아니라 '깨어남' 이후에는 모든 관념이 뒤바뀌어 평상시에 즐기던 모든 세속의 것들과 멀어지고 그동안 해오던 일상적인 것들에 대한 관심이 떨어질 수 있습니다. 따라서 평소에 즐기던 사교모임을 나가지 않게 되고 금욕과 금주 등 몸이 원하는 모든 것을 차단하여 육신의 양식을 허기진 채로 방치하게 될 수도 있습니다.

처음에는 문제가 되지 않겠지만 오랜 시간 육신의 즐거움을 무시한 채로 방치하면 그것이 엉뚱한 곳으로 폭발하여 원치 않는 체험을 하게 될 수도 있습니다. 따라서 3차원 매트릭스에서의 깨어남과 Ssal의 창조 사이에서도 내 몸과 마음이 원하는 것들도 잘 살펴 적절히 풀어주도록 해야 하는 것입니다.

친구들을 만나고 싶은 마음이 크지 않아도 오랫동안 못 만난 친구가 있으면 찾아가 함께 시간을 가지시기 바랍니다. 그리고 미혼인 분들은 이성과 만나 교제하고 데이트도 하시기 바랍니다.

오랫동안 여행을 가지 않았다면 여행을 통해 즐거움도 느껴야 합니다. 몸과 마음이 너무 지쳐있다면 아무것도 하지 않는 휴식을 해야 합니다. 필요하다면 주변 사람들과 함께하는 술자리도 마다하지 말고 과하지만 않게 즐기시기를 바랍니다.

만약 몸과 마음이 원하는 것에 양식을 주지 않는다면 그것은 내 무의식 어딘가에 계속해서 쌓이게 되고 결국 다시 접시 위에서 썩어가게 될 것입니다. 만약 그렇게 되면 전혀 나답지 않은 행동이 어딘가로 표출되어 돌발 행동이나 말실수로 나타날 수 있습니다.

물론 그때도 그 나름의 깨달음과 영적인 발전을 이룰 수 있겠지만 나는 여러분이 기쁨 안에서 모든 것을 이루길 바랍니다. 다행인 것은 느낌의 감도가 높아지면 삼중 인간 각각의 상태를 구별하는 것이 가능하게 될 것이므로 걱정은 하지 않아도 됩니다.

그러나 그전까지는 '균형을 위한 살핌'이 필요합니다.

'Ssal'을 포함한 모든 영적인 수업은 나 자신을 사랑하고 알아가는 의식입니다. 나 자신을 살피고 많이 사랑해 주어야 기쁨의 에너지 안에 머물 수 있습니다.

그것이 나와 모두를 사랑하는 방법입니다.

@ Ilugram

'머묾'이 신이다

시간을 내어 조용한 곳에서 장면 노트에 다음의 것들을 적어 보시기 바랍니다. 첫 번째는 내가 좋아하는 것, 두 번째는 내가 사랑하는 것, 세 번째는 내가 싫어하는 것, 네 번째는 나를 괴롭히는 것 또는 내가 걱정하는 것을 노트에 칸을 나누어 천천히 시간을 가지고 적어 보시기 바랍니다.

나 혼자만 보는 것이기에 아주 솔직하게 적으시면 됩니다.

첫 번째 '내가 좋아하는 것'의 예를 들면 돈, 바다, 맑은 날씨, 귀여운 강아지, 스테이크, 아이스크림, 초코바, 특정 브랜드의 음료수, 복숭아 수박 등. 사소하거나 소소한 것들까지 되도록 많이 적으시기를 바랍니다.

두 번째 '내가 사랑하는 것'의 예를 들면 나, 부모님, 가족, 반려 고양이 친구 에이미, 유진, 네이선, 민호, 테니스, 골프, 스위스, 하와이 그리고 특정 아티스트의 음악 등 내가 좋아하는 것을 넘어 이것이 나의 삶에서 행복을 주고 이것 없는 삶은 상상할 수 없는 것들을 모두 적어 보시기를 바랍니다.

세 번째 '내가 싫어하는 것'의 예를 들면 예의가 없는 사람, 너무 달거나 매운 음식, 비가 오는 날, 특정 브랜드의 옷이나 신발, 이익에만 급급한 기업, 특정 국가, 특정 과일 등등 생각만 해도 나를 기분 나쁘게 만드는 것들을 모두 적어 보시기를 바랍니다. 이것에는 사람이나 동물이 될 수도 있습니다.

네 번째 '나를 괴롭히는 것 또는 내가 걱정하는 것'의 예입니다. 업무 스트레스, 막막한 미래, 꿈이 없는 나, 생활비, 학기말 시험, 알코올 중독자 아버지, 폭력적인 형제, 은퇴 이후의 궁핍한 삶, 잘못 선택한 전공, 바람피우는 배우자 또는 이성, 나만 성공하지 못했다는 박탈감, 잦은 실패에 의한 무기력함 등등

평소에 해소하고 싶었던 마음속의 짐들이나 벗어나고 싶은 현실에 대한 모든 것을 적어보시기를 바랍니다. 여러분은 이것을 적으면서 자신의 감정 에너지를 채우고 소비하는 대상을 구별할 수 있게 될 것입니다.

이제 여러분도 감정이 주는 영적인 힘이 얼마나 중요한 것이고 그것

의 관리가 얼마나 중요한지 이해하셨을 것이라 생각됩니다. 기쁨의 감정을 유지하는 것이 곧 믿음입니다.

믿음은 마음에 평화를 만들어 육혼의 안정을 유지하고 'Ssal'의 장면을 현실로 완성하는 강력한 창조의 도구입니다. 기쁨의 감정들은 태초의 창조 에너지와 영적 진동이 같기 때문입니다.

그렇기 때문에 우리는 기쁨의 유지를 방해하는 환경들을 적극적으로 개선해야 합니다. 나의 힘으로 개선할 수 없는 것이라면 그것을 떠나 환경을 바꾸어야 합니다.

예를 들어 인간이 만든 것이지만 깰 수 없는 사회적 매트릭스나 가족 안에서 벌어지는 특수한 상황이라도 미련을 두지 말고 그것에서 적극적으로 벗어날 방법을 찾아야 합니다.

그 반대로 나의 감정의 에너지를 증가시키는 '내가 좋아하고 사랑하는 것들'을 계획을 세워 나에게 자주 선물하여 긍정적인 감정 에너지를 유지할 수 있도록 노력해야 합니다.

그것은 여러분의 의식을 기쁨의 감정에 머물도록 준비하는 첫 번째 과제가 될 것입니다. 이제 나의 감정 에너지를 갉아먹으며 소비시키는 부정적인 요소들로부터 벗어날 수 있는 3년 이내의 단기 계획을 종이에 적어 보시기를 바랍니다.

먼저 나의 감정 에너지를 소모하게 하는 것과 그것을 해소하거나 그것으로부터 벗어날 수 있는 방법을 적고 그것이 완성되었을 때의 기쁜 현실 중 한 장면을 상상하여 짧은 시나리오로 적어 봅니다.

하나의 가상 에피소드를 통해서 그것을 설명하겠습니다.

A씨가 다니는 회사는 점점 실적이 악화하여 현재 사모펀드로 주인이 바뀐 상태이며 회사 내에서는 인원 감축을 위해 희망퇴직 대상의 리스트를 만들고 있다는 소문이 돌고 있습니다.

지난 10년간 회사에 애착을 가지고 열심히 일한 A씨는 매일매일 불안함과 스트레스를 겪고 있습니다.

그런데 결국 희망퇴직에 대한 면담을 통보하는 이메일을 받았습니다. 면담을 마치고 나온 A씨에게는 두 가지 선택지가 있었습니다. 2년 치 급여를 받고 희망퇴직을 하거나 생산직으로 옮겨 지금의 회사를 계속 다니는 것이었습니다.

A씨는 최근에 이러한 스트레스로 인하여 최근 몸무게가 5kg이나 감소하며 고통을 겪고 있습니다. 그러나 그는 더 이상 다른 누구를 원망하거나 자기 자신을 원망하며 감정 에너지를 소비하고 싶지 않았습니다.

그것은 오히려 빠르게 감정 에너지를 소진해 이 상황 이후에 더욱 안 좋은 결과로 자신을 몰아넣을 것이 분명했기 때문입니다. 그는 이 모든 상황에서 한걸음 물러나 바라보고자 했습니다.

그는 이런 상황을 모두 '장면 노트'의 빈 페이지에 적었습니다. 현재 나를 괴롭히는 상황과 그것이 비롯된 이유를 적기만 했는데도 그의 마음은 조금 편안해졌습니다. 왜냐하면 이 상황은 자신으로부터 비롯된 것이 아니며 오히려 그는 자신이 피해자라는 결론에 도달했기 때문입니다.

그는 두 가지 선택지 중 전자를 선택하기로 마음먹었습니다.

그리고 언젠가는 실행하려고 했던 스타트업에 도전하기로 마음먹었습니다. 그는 회사에 퇴사를 통보하였습니다. 홀가분한 마음과 섭섭한 마음을 뒤로하고 짐 정리를 마치고 정들었던 동료들 한 사람 한 사람과 인사를 나누었습니다.

점심시간도 안된 시간에 퇴근을 해본 적이 없어 어색했지만 운전하면서 음악을 들으니 기분이 좋아졌습니다. 몇 달 후 그는 이른 아침 집 근처의 한 카페에 앉아 있습니다. 잠시 후 그는 앞으로 함께 일하게 될 지원군을 만나기로 하였습니다.

그는 약속 시간보다 일찍 나와 자기만의 시간을 보냅니다. 향기로운 커피 향과 모던한 재즈의 선율이 여유로움을 더하는 시간입니다. 앞으로 만들어가야 할 일들이 산더미 같지만 여유롭고 행복한 시간을 잠깐 즐기고 싶습니다.

그는 앞으로 진행할 3년간의 계획과 아이디어를 노트에 천천히 정리해 나갔습니다. 창업에 관한 책을 몇 권 읽었지만 아직은 알아가야 할 것이 너무도 많았습니다. 그러나 그는 이번 선택을 후회한 적은 없습니다.

그는 창밖을 잠시 바라보다가 이번에는 '장면 노트'를 꺼냈습니다. 그리고는 3년 후 승리할 어느 날의 한 장면을 이렇게 적었습니다.

• • • •

직원들이 다 퇴근하고 불 꺼진 사무실을 바라보며 나는 책상 위에 앉아있다. 아무도 없는 사무실에서 나는 랩톱으로 평소에 즐겨듣는 '안토니오 카를로스 조빔 Antonio Carlos Jobim'의 '브라질 Brazil'을 플레이시켰다.

오늘은 지난 3년간의 고생을 보상받은 날이다.

나의 회사가 만든 서비스 앱은 개발을 시작한 지 3년, 그리고 서비스를 오픈한지 1년 만에 300만명 이상이 사용하는 킬러 애플리케이션이 되었다. 다운로드 서비스를 담당하는 플랫폼에서 오늘 우리 회사의 서비스가 올해의 앱 1위로 선정되었다는 통보를 받았다.

직원들과 나는 소식을 알게 된 직후 큰 소리로 환호했다.
우리는 유지보수에 필요한 몇 명을 제외한 전 직원과 함께 다음 주 푸껫 여행을 할 것이다. 나의 휴가 발표에 모두 환호했고 직원들은 오후 내내 여행에 필요한 옷과 신발을 쇼핑하다 퇴근했지만 나는 모른척했다.

• • • •

그는 노트에 적은 내용을 읽으며 마치 모든 것이 바로 내일 일어날 것 같은 새로운 희망으로 기분이 좋아졌습니다. 그리고 내면에는 기쁨의 에너지가 충만해졌습니다.

그는 매일 잠들기 전 앞으로 3년간의 계획을 'Ssal'로 미리 봅니다. 그리고 기쁘고 행복한 느낌으로 잠이 듭니다. 그리고 온종일 이 기쁨의 에너지를 잃지 않기 위해 노력합니다.

우리의 '깨어남'에 마지막 챕터는 바로 평화로운 '머묾'입니다.

하루 중 내 감정의 대부분이 평화, 행복, 사랑, 즐거움 등의 기쁨에 머물 수 있다면 당신의 마지막 수업은 완성된 것입니다. 기쁨의 상태에 머물기 위해 빠른 템포의 음악을 듣거나 즐겁게 웃을 수 있는 콘텐츠를 즐기거나 유쾌한 사람들과 어울리는 것은 자연스러운 것입니다.

어리면 어릴수록 별거 아닌 것에 웃음이 넘쳐납니다. 당신이 온종일 웃으며 기분 좋게 지내는 것이 어떤 사람들 눈에는 이상하게 보일 수도 있습니다. 그리고 주변에 누군가는 나를 비난하는 자가 생길 수도 있습니다. 그러나 당신은 그 누구의 힐난도 무시하시기 바랍니다.

많이 웃고 기쁨 속에 사는 것은 다른 사람들에게도 좋은 영향을 주지 절대 피해를 주는 일은 아니기 때문입니다.

물론 일상을 살아가다 보면 침묵해야 할 때도 있고 무표정을 유지해야 할 상황도 있습니다. 그러나 나의 뇌에서는 'Ssal'의 예언을 이미 받은 것으로 인지하기 때문에 항상 기뻐하는 것입니다.

앞서 말씀드린 모든 Ssal의 수업 과정에서 알아채고, 비우고, 씻고, 담는 과정에서 우리는 '나'라는 존재의 본질을 깨닫게 되었습니다. 우리의 체험은 사랑에서 비롯되었으며 그 자체가 축복입니다.

만약 당신이 성공적으로 깨어나 Ssal의 수업을 통해 삶의 대부분을 사랑 안에서 사유하고 '기쁨'의 상태에 머물 수 있다면 당신은 '머묾'을 완성한 것이며 인간을 초월한 존재자가 된 것입니다.

'아리스토텔레스 Aristoteles'의 '형이상학 Metaphisica' 제1권은 "모든 인간은 본성적으로 알기를 원한다."라는 내용으로 시작합니다. 인간은 불완전의 자유 안에서 진리를 검증하는 체험을 통해 하나의 실체를 알고자 하는 것이며 그것의 실체는 멀리 떠나온 찬란한 '사랑'인 것입니다.

나는 '신神'과 인간의 차이는 의식의 '머묾'에 있다고 생각합니다.

과학자들은 우주의 차원이 11차원으로 구성되어 있다고 말합니다. 만약 인간이 8차원 이상의 영적 진화를 이룰 수 있다면 우리는 신을 볼 수 있게 될 것입니다. 모든 차원을 영으로 운행하고 모든 우주의 시작과 끝에서 변하지 않는 사랑에 머무는 존재를 만난다면 그가 바로 신일 것입니다.

인간은 체험을 통해 3차원이라는 변수 안에서 사랑을 검증해야 하기에 흔들리지 않는 '머묾'을 유지하기가 어려운 것입니다. 그래서 우리는 흔들림 안에서 최대한 머물기 위해 노력해야 하는 것입니다.

내 안에 나도 모르게 썩고 있는 부정적 과거들을 비우고 사랑으로 채우는 것이 얼마나 중요한 것인지 이제 여러분은 알게 되었을 것입니다.

우리의 머묾을 가장 방해하는 것은 바로 '시간'입니다.

되지 않는 것이 아니라 실제로는 되어있으나 그것을 알지 못하는 것입니다. 그 모든 것은 보는 즉시 실제로 펼쳐져 있으므로 머물러 있습니다. 그러나 우리는 시간이라는 매트릭스 때문에 그것을 인지할 수 없을 뿐만 아니라 그것이 잘되지 않는다고 자꾸 바꾸고 또 주문을 취소하고 있는 것입니다.

그러므로 당신이 깨어남을 시작으로 깨어있음에 도달하고 하루의 대부분을 기쁨의 상태에 머물면 당신은 신을 느끼게 될 것입니다. 그 끝에 다다르면 비로소 당신이 바로 사랑 안에 머무는 존재이며 창조하는 '신神'임을 깨닫게 될 것입니다.

아무것도 구분되는 것은 없습니다. 전체가 하나일 뿐이며 하나가 전체를 사랑하기에 이 모든 것은 시작되었습니다.

그러므로 기뻐하십시오 곧 당신의 때가 이를 것입니다.

@ Ilugram

초인 클럽

여러분이 성공한 아버지라면 여러분의 자녀가 어떤 인생을 살아 가기를 바라겠습니까? 아마도 여러분은 나의 자녀들이 나보다 더 뛰어난 지혜를 가지고 사회로부터 존경받으며, 경제적으로는 풍요로움을 누리며 살아가기를 바랄 것입니다.

'태초의 의식' 또한 마찬가지입니다. 우리는 존재의 분신이자 그 자체입니다. 우리는 그동안 구분에 매몰되어 영적인 힘과 너무나 멀어지게 되었습니다. 태초의 의식은 우리가 깨어나 그 힘을 깨닫고 발휘하여 창조적 새역사를 써나가길 바랍니다.

이제 당신은 사랑과 기쁨 안에서 준비될 것입니다. 그리고 당신이 바라보는 세상은 아름답고 완벽할 것입니다. 아직 그렇게 느껴지지 않는다면 그렇다고 반복하여 생각하시기 바랍니다.

또 그렇게 되어야 하고 그럴 것이라고 주장하시기 바랍니다. 그럼 언젠가는 정말 그렇게 보이기 시작할 것입니다. 내가 무시하거나 증오해온 대상들의 모든 행동이 내 안에도 존재한다는 것을 우리는 깨닫게 될 것입니다.

내 안에는 증오와 편견이 있다는 것을 인정하고 이제 그 누구도 어떤 것도 판단하지 않을 것이라 선언하시기 바랍니다. 그 모든 것이 나의 일부라는 것을 깨닫게 되는 순간이 찾아오게 될 것입니다.

그리고 어느 날 갑자기 당신에게 알 수 없는 환희와 비애가 동시에 당신의 마음속 깊은 곳에서 울려 퍼질 것입니다. 그 환희는 멀리 떠나온 당신의 고향을 느끼게 도와줄 것입니다. 당신의 고향은 환한 빛만 가득히 존재하는 아름다운 곳입니다.

우리가 환희와 동시에 비애를 느끼는 것은 세상의 모든 삶과 연결되어 아름다움과 측은함을 동시에 느끼기 때문입니다.

우리의 실체는 찬란한 사랑으로부터 나오는 기쁨입니다.

그 기쁨이 얼마나 거대한 것인지 여러분은 느껴 알게 될 것입니다. 구분이 존재하는 세상이기에 때때로 진정한 나를 잊을지도 모릅니다. 가족을 돌보고 정신없이 살아가는 데 지쳐 사랑과 기쁨에서 멀어질 때도 있을 것입니다. 그러나 포기하지 마시기 바랍니다.

당신이 포기하지 않고 그 끈을 붙잡고 있으면 끝내 당신은 진정으로 당신을 믿게 될 것입니다. 그리고 이제 돌아가지 않을 것입니다. 이제 당신은 모든 감각을 사용하여 'Ssal'을 펼칠 것입니다.

그리고 그것은 바쁘게 살아온 당신의 삶에 실현될 것입니다. 잊고 있던 당신은 집중했던 Ssal의 순간들을 떠올리며 기뻐 춤추게 될 것입니다.

나는 여러분의 초인적 삶을 응원합니다.
당신은 거룩한 시간을 견뎌냈습니다.

깨어나 깨달음에 이른 당신은 이제 전체와 연결되어 있음을 느낄 것입니다. 당신의 깨어남은 인류의 미래를 위한 역사적 사건입니다. 당신이 스스로 깨어나 자유롭기를 원했고 창조의 문을 두드렸습니다. 그리고 우리와 우리 다음의 인류에게 밝은 미래를 열어 줄 것입니다.

우리는 함께 깨어나 서로 사랑할 것입니다. 당신의 기쁨의 에너지는 주변을 변화시키고 온 세상을 바꾸기 시작할 것입니다. 당신은 자격이 있습니다. 당신의 성공이 만들어낸 기쁨의 에너지는 큰 성공으로 끝없이 이어질 것입니다.

이제 당신이 있으라 하면 있을 것입니다.

지구의 미래는 당신이 3차원의 구분 안에서 어떻게 사랑을 사용할 것 인가에 달려있습니다. 당신은 사명감을 느끼고 마음이 움직일 것입니다. 여러분이 지금까지 Ssal을 사용하여 당신과 가족의 삶을 풍요로 채웠다면 이제 구분 없이 우리 모두를 위해 나눠주시기를 바랍니다.

당신의 작은 발걸음은 시작될 것입니다.

그러면 우리는 모두가 한 가족이 될 것이며 지구의 모든 문제는 사라질 것입니다. 모든 구분을 넘어 우리가 서로 사랑하면 비로소 '태초의 의식'과 하나가 되어 새로운 우주 시대를 열 것입니다.

그러면 머지않아 지구는 기쁨으로 연결되어 더 높은 의식의 차원 상승을 이룰 것입니다. 온 우주의 형제들은 항상 우리의 곁에서 지구가 성공할 그날을 기다리고 있습니다.

이제 당신의 차례입니다.

당신이 먼저 깨어나 또 누군가를 깨울 차례입니다.
온 우주의 기쁨과 에너지를 담아 당신을 축복합니다.

사랑합니다.
그리고 감사합니다.

MeditaVerse Books :

메디타버스는 '명상'을 의미하는 'Meditation'과 '우주' 또는 '세계'를 의미하는 'Universe'의 합성어로, 내면과 영적 세계에 대한 깨어남과 깨달음을 돕는 도서의 펴냄을 사명으로 설립되었습니다.

현재는 영적 의식의 깨어남이 더욱 중요해지고 있는 시대입니다. 이에 우리는 다양한 미디어에서 활동하는 깨어남의 선구자들을 찾고 있습니다. 그들이 깨달음을 책에 담아 일류의 깨어남을 돕고 선한 영향력을 펼칠 수 있도록 우리는 지원할 것입니다.

앞으로도 항상 빛이 되는 책으로 찾아오겠습니다.

감사합니다.

원하는 삶을 창조하는 영적 리허설 Ssal

2023년 5월 22일 초판발행

글쓴이 _제이미 케이(Jamie K)

발행처 _메디타버스 북스

등록번호 제25100-2023-000058호
등록일자 2023. 03. 28

ISBN 979-11-982786-6-1 (03110)

대표전화 070-8018-5104
이메일　meditavers@naver.com
홈페이지 meditaversebooks.com
블로그　blog.naver.com/meditaverse
디자인　지미 그래픽스 연구소

Ssal² Study

2025년 출간 예정